Hubert Albus

56 neue Kurzdiktate

zu interessanten Sachthemen

Übungsdiktate, Testdiktate und passgenaue Arbeitsblätter mit Rechtschreibstrategien

7./8. Klasse

Kopiervorlagen mit Lösungen

Gedruckt auf umweltbewusst gefertigtem, chlorfrei gebleichtem
und alterungsbeständigem Papier.

3. Auflage 2024

Layout/Satz: PrePress-Salumae.com, Kaisheim
Druck: Rausch Druck GmbH, Aindlinger Str. 14, 86167 Augsburg

ISBN 978-3-95660-**431**-7

www.brigg-verlag.de

Inhaltsverzeichnis

56 neue Kurzdiktate

Jahrgangsstufe 7

Jahrgangsstufe 8

Vorwort

Das Kurzdiktat

- Materialien: Liniertes DIN-A4-Blatt, Wörterbuch
- Zeit: 15 Minuten
  - Diktierzeit: 10 Minuten
  - Überarbeitungszeit mit Wörterbuch: 5 Minuten
- Bepunktung: 8 Punkte (wenn das Diktat fehlerfrei ist)
- Diktierhinweise:
  - Vorlesen des gesamten Textes
  - Vorlesen des ganzen Satzes
  - Diktieren in Sinnschritten (Schrägstriche) ohne Satzzeichen
  - Wiederholen des ganzen Satzes
  - Wiederholen des ganzen Textes
  - Überarbeitung des Textes mithilfe des Wörterbuches
  - Einsammeln der Schülerarbeiten
- Diktiergeschwindigkeit:
  Die Diktiergeschwindigkeit sollte bei Texten mit über 80 Wörtern etwas angezogen werden, um das Diktat in der vorgegebenen Zeit zu schaffen.
- Korrekturhinweise:
  Von den acht Punkten, die zur Verfügung stehen, wird pro Fehler ein Punkt abgezogen. Für fehlende Satzzeichen, Umlautzeichen und i-Punkte wird je ein halber Punkt abgezogen. Wiederholungsfehler werden nur einmal gewertet.

Allgemeiner rechtschriftlicher Test

- Materialien: Testblatt (Arbeitsblatt), Wörterbuch
- Zeit: 15 Minuten
- Bepunktung: 8 Punkte
  Auf dem Testblatt findet eine Überprüfung des rechtschriftlichen Wissens statt, das sich auf Rechtschreibstrategien, Fehlerwörter, Interpunktion, Grammatik u. a. bezieht. Die erreichten Punkte aus dem ersten und zweiten Teil werden addiert. Die als Rechtschreibfall ausgewählten Wörter müssen mit der Thematik nicht unbedingt korrespondieren.
- Die Lösungen zum Arbeitsblatt finden Sie jeweils auf dem Diktatblatt in verkleinerter Form.
- Bewertungshinweise:
  Mehrfachnennungen geben keinen Zusatzpunkt, falls nur eine Lösung verlangt ist.

Inhalt

Im vorliegenden Band werden Ihnen zum einen 28 Kurzdiktate mit dazu passenden Arbeitsblättern angeboten. Das jeweils erste Diktat sollten Sie als Testdiktat schreiben, ehe Sie zur Verbesserung schreiten. Alle Diktate dienen langfristig zur Vorbereitung auf die Abschlussprüfung, können aber selbstverständlich in jeder Schulart zur Übung eingesetzt werden.
Zum anderen finden Sie in diesem Buch weitere 28 Übungsdiktate, aus denen Sie auswählen können, welche rechtschriftlichen Schwerpunkte Sie setzen und dann üben wollen.
Die Reihenfolge der Texte ist beliebig wählbar. Es liegt auch an Ihnen, welche Texte Sie vor der Prüfung in der Abschlussklasse als „Ernstfall" hernehmen und damit die Prüfungssituation simulieren. Der erste Diktattext und das Arbeitsblatt bilden dabei immer eine Einheit.

Notenschlüssel

Note 1: 16,0 – 14,5 Punkte
Note 2: 14,0 – 12,5 Punkte
Note 3: 12,0 – 10,0 Punkte
Note 4: 9,5 – 7,0 Punkte
Note 5: 6,5 – 4,0 Punkte
Note 6: 3,5 – 0 Punkte

DRS Name: ______________________ Datum: ______________

Die Dinosaurier – eine äußerst erfolgreiche Tierart

Die Dinosaurier beherrschten unseren Planeten 170 Millionen Jahre lang. / Einige hätten ein mehrstöckiges Wohnhaus ganz locker überragt, / während andere nur die Größe eines Huhns erreichten. / Die Saurier eroberten nahezu alle Lebensräume auf der Erde. / Riesige Meeressaurier durchkreuzten die Ozeane. / Gehörnte, gepanzerte und / mit messerscharfen Klauen und Zähnen ausgestattete Dinosaurier / streiften über das Festland, / während sich Flugsaurier mit Flügelspannweiten / von teilweise über zehn Metern in den Luftraum erhoben. (73 Wörter)

Waren die Dinos schlau?

Bei ihrer Entdeckung vor über 100 Jahren / galten die Dinosaurier als ausgesprochen dumm und einzelgängerisch. / Im Laufe der Zeit haben aber immer mehr Funde belegt, / dass das nicht stimmte. / Zumindest einige Arten führten ein geregeltes Zusammenleben, / was eine mit Säugetieren und Vögeln / vergleichbare Intelligenz erforderte. / Die Dinosaurier bildeten Gruppen / und müssen dabei eine / zur Verständigung notwendige Intelligenz aufgebracht haben. / Als besonders schlau gelten / die kleinen, vogelähnlichen Raubsaurier / wie die Velociraptoren, / die in Jagdverbänden ihrer Beute nachstellten. (80 Wörter)

____

____

____

____

____

____

Arbeitsaufgaben:

❶ Schreibe den diktierten Text fehlerlos ab und unterstreiche die für dich schwierigen Begriffe.

❷ Schreibe im zweiten Text die unterstrichenen Wörter richtig auf die Leerzeilen und unterstreiche die Stelle, die für dich schwierig zu schreiben ist.

❸ Beschreibe das Bild oben mit einem einzigen Satz.

Die Dinosaurier – eine äußerst erfolgreiche Tierart

❶ Finde die sechs fehlerhaften Wörter heraus, die im Text unten stecken. Schreibe die Wörter richtig auf die Leerzeilen. (3 Punkte)

Einige Dinosaurier hatten Furcht ~~einflössende klauen~~ und Zähne, andere wurden vielleicht über 40 Meter lang und wogen mehr als 140 Tonnen. ~~Vorallem~~ ihre Größe und die ~~imposanten~~ Waffen sind ein wichtiger Grund für die anhaltende ~~Fastzination~~ an den Dinosauriern. Warum diese sich ein ganzes Erdzeitalter lang gegen andere Tierarten durchsetzen konnten, erklärt der Verweis auf einige ~~Monsterhafte~~ Erscheinungen jedoch kaum.

einflößende	*Klauen*
Vor allem	*imposanten*
Faszination	*monsterhafte*

❷ Welche Rechtschreibstrategien musst du anwenden, um die folgenden drei Wörter an der markierten Stelle richtig schreiben zu können? Kreuze richtig an. (1,5 Punkte)

a) vogelähnlich
- ☐ Ich muss das Wort trennen.
- ☒ Ich achte auf das Grundwort.
- ☐ Ich muss mir das Wort merken.

b) zum Befestigen
- ☐ Ich kann das Wort ableiten.
- ☐ Ich muss mir das Wort merken.
- ☒ Ich achte auf das Signalwort.

c) spektakulär
- ☒ Ich muss das Wort lernen.
- ☐ Ich kann das Wort ableiten.
- ☐ Ich beachte die Nachsilbe.

❸ Setze im nachfolgenden Satz das richtige Wort ein und begründe dessen Schreibweise. (1,5 Punkte)

Die Dinosaurier sind *seit* (seid/seit) 65 Millionen Jahren ausgestorben.

Ich schreibe „seit“ mit „t“, wenn es um eine Zeitangabe geht.

❹ Welcher der drei Sätze ist richtig geschrieben? Kreuze an. (1 Punkt)

- ☒ Die meisten anderen Reptilien können mit ihren seitlichen Beinpaaren dagegen nur kriechen und sind eher auf lange, kraftsparende Ruhepausen ausgelegt.
- ☐ Die meisten anderen Reptielien können mit ihren seitlichen Beinpaaren dagegen nur kriechen und sind eher auf lange, kraftsparende Ruhepausen ausgelegt.
- ☐ Die meißten anderen Reptilien können mit ihren seitlichen Beinpaaren dagegen nur kriechen und sind eher auf lange, kraftsparende Ruhepausen ausgelegt.

❺ Im folgenden Satz fehlen Satzzeichen. Setze sie richtig ein. (1 Punkt)

Deshalb gehen die Wissenschaftler davon aus**,** dass der Velociraptor zur Wärmedämmung Federn hatte **–** vergleichbar mit denen heutiger Vögel.

DRS	Name:	Datum:	

Die Dinosaurier – eine äußerst erfolgreiche Tierart

❶ Finde die sechs fehlerhaften Wörter heraus, die im Text unten stecken. Schreibe die Wörter richtig auf die Leerzeilen. (3 Punkte)

Einige Dinosaurier hatten Furcht einflössende klauen und Zähne, andere wurden vielleicht über 40 Meter lang und wogen mehr als 140 Tonnen. Vorallem ihre Größe und die impossanten Waffen sind ein wichtiger Grund für die anhaltende Fastzination an den Dinosauriern. Warum diese sich ein ganzes Erdzeitalter lang gegen andere Tierarten durchsetzen konnten, erklärt der Verweis auf einige Monsterhafte Erscheinungen jedoch kaum.

____________________ ____________________

____________________ ____________________

____________________ ____________________

❷ Welche Rechtschreibstrategien musst du anwenden, um die folgenden drei Wörter an der markierten Stelle richtig schreiben zu können? Kreuze richtig an. (1,5 Punkte)

a) **v**ogelähnlich
- ☐ Ich muss das Wort trennen.
- ☐ Ich achte auf das Grundwort.
- ☐ Ich muss mir das Wort merken.

b) zum **B**efestigen
- ☐ Ich kann das Wort ableiten.
- ☐ Ich muss mir das Wort merken.
- ☐ Ich achte auf das Signalwort.

c) spe**k**takulär
- ☐ Ich muss das Wort lernen.
- ☐ Ich kann das Wort ableiten.
- ☐ Ich beachte die Nachsilbe.

❸ Setze im nachfolgenden Satz das richtige Wort ein und begründe dessen Schreibweise. (1,5 Punkte)

Die Dinosaurier sind __________ (seid/seit) 65 Millionen Jahren ausgestorben.

____

____

❹ Welcher der drei Sätze ist richtig geschrieben? Kreuze an. (1 Punkt)

- ☐ Die meisten anderen Reptilien können mit ihren seitlichen Beinpaaren dagegen nur kriechen und sind eher auf lange, kraftsparende Ruhepausen ausgelegt.
- ☐ Die meisten anderen Reptielien können mit ihren seitlichen Beinpaaren dagegen nur kriechen und sind eher auf lange, kraftsparende Ruhepausen ausgelegt.
- ☐ Die meißten anderen Reptilien können mit ihren seitlichen Beinpaaren dagegen nur kriechen und sind eher auf lange, kraftsparende Ruhepausen ausgelegt.

❺ Im folgenden Satz fehlen Satzzeichen. Setze sie richtig ein. (1 Punkt)

Deshalb gehen die Wissenschaftler davon aus dass der Velociraptor zur Wärmedämmung Federn hatte vergleichbar mit denen heutiger Vögel.

DRS	Name: ____________	Datum: ________	

Die Pyramiden – antike Weltwunder

Ägyptische Pyramiden sind noch immer ein Geheimnis. / Weltweit rätseln Wissenschaftler und Ingenieure, / wie die monumentalen Bauten vor rund 4500 Jahren entstanden sind. / Für die Königin der Pyramiden – die Cheops-Pyramide – / mussten damals 2,6 Millionen Steinblöcke mit einem Mindestgewicht / von 2,5 Tonnen pro Block herangeschafft werden. / Um diese Pyramide heute zu bauen, / müssten aus den Steinbrüchen ganz Europas die Brocken herausgeschlagen werden. / Über ein halbes Jahrzehnt wäre man mit dem Bau / dieser antiken Weltwunder beschäftigt. (77 Wörter)

Wunderwerk Cheops-Pyramide

Sie war 146 Meter hoch / und hatte eine ____________ von 53000 Quadratmetern. / Die Steinblöcke sind auf 0,2 ____________ genau geschlagen. / Gerade mal eine ____________ würde zwischen die Steinreihen passen. / Die ____________ der Pyramide weichen / bei einer Kantenlänge von 230 Metern / nur maximal 16 Millimeter von der Horizontalen ab. / Auch die ____________ Winkel der Ecken lassen ____________ / heutiger Zeit vor Neid ____________. / Die Winkel sind so genau geschnitten, / dass man selbst mit ____________ Messapparaten / nicht genauer arbeiten könnte. (79 Wörter)

Rasierklinge – Ingenieure – Millimeter – lasergestützten – Grundfläche – erblassen – Fundamente – rechte

Arbeitsaufgaben:

❶ Schreibe den diktierten Text fehlerlos ab und unterstreiche die für dich schwierigen Begriffe.

❷ Setze im zweiten Text die Lückenwörter richtig ein.

❸ Kreuze die Cheops-Pyramide an und beschreibe das Bild unten mit einem Satz.

Die Pyramiden – antike Weltwunder

❶ Welche Rechtschreibstrategien musst du anwenden, um die folgenden drei Wörter an der markierten Stelle richtig schreiben zu können? Kreuze richtig an. (1,5 Punkte)

a) ursprünglich
- ☐ Ich muss das Wort trennen.
- ☒ Ich achte auf die Nachsilbe.
- ☐ Ich beachte die Vorsilbe.

b) Erklärungsansätze
- ☐ Ich beachte das Bestimmungswort.
- ☐ Ich beachte das Fugen-s.
- ☒ Ich suche ein verwandtes Wort.

c) Strapazen
- ☒ Ich muss mir das Wort merken.
- ☐ Ich suche ähnliche Wörter.
- ☐ Ich trenne das Wort.

❷ Finde die vier fehlerhaften Wörter heraus, die im Text unten enthalten sind. Schreibe die Wörter richtig auf die Leerzeilen. (2 Punkte)

Ein anderer populärer Erklärungsversuch zum Bau beschreibt eine ~~äussere~~ Rampe, die sich um die Pyramide herumschlängelt, ähnlich einer ~~Wendelltreppe~~ an der Außenwand der Pyramide. Auch gegen diese Theorie spricht der ~~Facktor~~ Zeit, denn auch diese Rampe wäre schon nach einigen Umrundungen der Pyramide mehrere Kilometer lang. Der Bau einer solchen Rampe würde Unmengen an Holz verschlingen und das war zu jener Zeit in Ägypten Mangelware und außerdem sehr teuer. Versuche mit einer Nachbildung der Rampe haben gezeigt, ~~das~~ die schwereren Blöcke nicht hätten transportiert werden können.

äußere   *Faktor*

Wendeltreppe   *dass*

❸ Finde zu den vier Nomen jeweils das passende Verb. (2 Punkte)

Struktur *strukturieren*   Forscher *forschen*

Vorstellung *vorstellen*   Strapaze *strapazieren*

❹ Suche jeweils das Gegenwort. (1 Punkt)

Mangel *Überfluss*   sprechen *schweigen*

❺ In den folgenden Sätzen fehlen drei Satzzeichen. Setze sie richtig ein. (1,5 Punkte)

Die erste Theorie geht davon aus, dass die Ägypter eine Rampe gebaut haben, die mit dem Anwachsen der Pyramide immer weiter vergrößert wurde. Sollte die Theorie trotz aller Widersprüche stimmen, könnte sie nicht bewiesen werden.

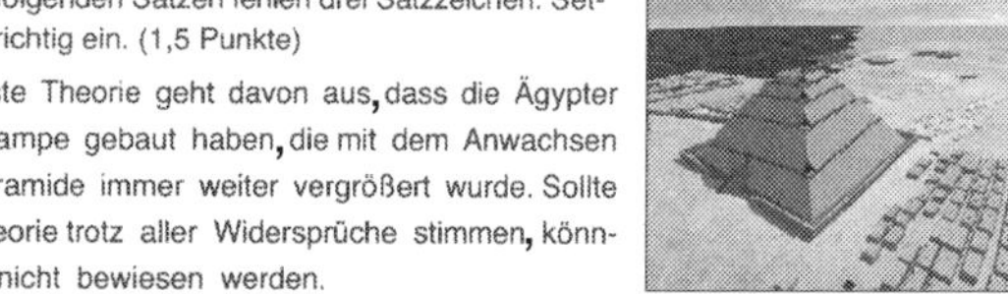

DRS | Name: ____________________ | Datum: ____________

Die Pyramiden – antike Weltwunder

❶ Welche Rechtschreibstrategien musst du anwenden, um die folgenden drei Wörter an der markierten Stelle richtig schreiben zu können? Kreuze richtig an. (1,5 Punkte)

a) **u**rsprünglich
- ☐ Ich muss das Wort trennen.
- ☐ Ich achte auf die Nachsilbe.
- ☐ Ich beachte die Vorsilbe.

b) Erklärungsans**ä**tze
- ☐ Ich beachte das Bestimmungswort.
- ☐ Ich beachte das Fugen-s.
- ☐ Ich suche ein verwandtes Wort.

c) Strapa**z**en
- ☐ Ich muss mir das Wort merken.
- ☐ Ich suche ähnliche Wörter.
- ☐ Ich trenne das Wort.

❷ Finde die vier fehlerhaften Wörter heraus, die im Text unten enthalten sind. Schreibe die Wörter richtig auf die Leerzeilen. (2 Punkte)

Ein anderer populärer Erklärungsversuch zum Bau beschreibt eine äussere Rampe, die sich um die Pyramide herumschlängelt, ähnlich einer Wendelltreppe an der Außenwand der Pyramide. Auch gegen diese Theorie spricht der Facktor Zeit, denn auch diese Rampe wäre schon nach einigen Umrundungen der Pyramide mehrere Kilometer lang. Der Bau einer solchen Rampe würde Unmengen an Holz verschlingen und das war zu jener Zeit in Ägypten Mangelware und außerdem sehr teuer. Versuche mit einer Nachbildung der Rampe haben gezeigt, das die schwereren Blöcke nicht hätten transportiert werden können.

____________________ ____________________

____________________ ____________________

❸ Finde zu den vier Nomen jeweils das passende Verb. (2 Punkte)

Struktur ____________ Forscher ____________

Vorstellung ____________ Strapaze ____________

❹ Suche jeweils das Gegenwort. (1 Punkt)

Mangel ____________ sprechen ____________

❺ In den folgenden Sätzen fehlen drei Satzzeichen. Setze sie richtig ein. (1,5 Punkte)

Die erste Theorie geht davon aus dass die Ägypter eine Rampe gebaut haben die mit dem Anwachsen der Pyramide immer weiter vergrößert wurde. Sollte die Theorie trotz aller Widersprüche stimmen könnte sie nicht bewiesen werden.

DRS | Name: ____________ | Datum: ____________

Die Neandertaler – alles andere als primitiv

250 000 Jahre lang beherrschten die Neandertaler Europa. / Sie waren keine keulenschwingenden, / brutalen, stumpfsinnigen und primitiven Affenmenschen. / Die Neandertaler waren weitaus kultivierter als bislang angenommen. / Sie machten Feuer und waren geschickte Großwildjäger: / Wollnashörner, Mammuts und Rentiere gehörten zu ihrer Beute. / Neandertaler waren geschickte Werkzeugmacher, / die speziell für die Jagd Speere mit Steinspitzen anfertigten. / Einige Steinwerkzeuge hatten Klingen – / so scharf wie ein Skalpell. / Die Neandertaler waren an die rauen Lebensbedingungen / der Eiszeit ideal angepasst. (78 Wörter)

Wie sah der Neandertaler aus?

Knochenfunde zeigen, / dass der Neandertaler klein und stämmig war, / im Schnitt etwa 1,60 Meter groß und 80 Kilogramm schwer. / Neandertaler waren muskulös / und mit einem robusten Knochenbau ausgestattet. / Besonders auffallend war ihr Schädel, / denn er war lang gestreckt und flach. / Im Schnitt war das Gehirn des Neandertalers größer als unseres. / Man vermutet, dass auch sein Gehörsinn besser ausgeprägt war / und er wahrscheinlich besser sehen konnte, / vor allem in der Dämmerung. (75 Wörter)

Arbeitsaufgaben:

❶ Schreibe den diktierten Text ab und notiere fünf Fremdwörter mit ihrer Bedeutung.

____

____

____

____

____

❷ Unterstreiche im zweiten Text die zusammengesetzten Substantive rot.

❸ Schreibe zu dem Bild unten einen Satz.

Die Neandertaler – alles andere als primitiv

❶ Welche Rechtschreibstrategien musst du anwenden, um die folgenden zwei Wörter an der markierten Stelle richtig schreiben zu können? Schreibe richtig auf. (1 Punkt)

a) drängen — *Ich suche ein verwandtes Wort mit „a“, z. B. „Drang“. Deshalb schreibe ich „ä“.*

b) muskulös — *1. Ich achte auf die Nachsilbe „-ös“, deshalb Kleinschreibung. (2. Ableitung)*

❷ Finde die vier fehlerhaften Wörter heraus, die im Text unten enthalten sind. Schreibe die Wörter richtig auf die Leerzeilen. (2 Punkte)

Die durchschnittliche Lebenserwartung der Neandertaler lag Studien ~~zu Folge~~ bei etwa 30 Jahren. So blieb den ~~fortpflanzungfähigen~~ Neandertalern nur wenig Zeit, ausreichend viele Nachkommen zu zeugen, um das ~~überleben~~ ihrer Sippe zu sichern. ~~Vermudlich~~ wurde nur jedes zweite Neandertalerkind älter als fünf Jahre.

zufolge — *fortpflanzungsfähigen*

Überleben — *vermutlich*

❸ Finde zu den vier Verben jeweils das passende Substantiv. (1,5 Punkte)

ausstatten *Ausstattung* — sehen *Sicht*

sprechen *Sprache* — entwickeln *Entwicklung*

❹ Welcher der drei Sätze ist richtig geschrieben? Kreuze an. (1 Punkt)

- [x] Die flache Stirn mit den mächtigen Überaugenwülsten, der kräftige Kauapparat und das fliehende Kinn sind ebenfalls typisch für den Neandertaler.
- [ ] Die flache Stirn mit den mächtigen Überaugenwülsten, der kräftige Kauapperat und das fliehende Kinn sind ebenfalls typisch für den Neandertaler.
- [ ] Die flache Stirn mit den mächtigen Überaugenwülsten, der kräftige Kauapparat und das fliehende Kinn sind ebenfalls tüpisch für den Neandertaler.

❺ Suche für die Fremdwörter jeweils die deutsche Bedeutung. (1 Punkt)

robust *kräftig, widerstandsfähig*

Indizien *Hinweise, Anzeichen*

❻ Im folgenden Satz fehlen drei Satzzeichen. Setze sie richtig ein. (1,5 Punkte)

Der moderne Mensch, der Homo sapiens, der sich zeitgleich im warmen Klima Afrikas entwickelte, war größer und schlanker als der Neandertaler.

DRS | Name: ______________________ | Datum: ______________

Die Neandertaler – alles andere als primitiv

❶ Welche Rechtschreibstrategien musst du anwenden, um die folgenden zwei Wörter an der markierten Stelle richtig schreiben zu können? Schreibe richtig auf. (1 Punkt)

a) dr**ä**ngen ______________________________

____

b) **m**uskulös ______________________________

____

❷ Finde die vier fehlerhaften Wörter heraus, die im Text unten enthalten sind. Schreibe die Wörter richtig auf die Leerzeilen. (2 Punkte)

Die durchschnittliche Lebenserwartung der Neandertaler lag Studien zu Folge bei etwa 30 Jahren. So blieb den fortpflanzungfähigen Neandertalern nur wenig Zeit, ausreichend viele Nachkommen zu zeugen, um das überleben ihrer Sippe zu sichern. Vermudlich wurde nur jedes zweite Neandertalerkind älter als fünf Jahre.

______________________ ______________________

______________________ ______________________

❸ Finde zu den vier Verben jeweils das passende Substantiv. (1,5 Punkte)

ausstatten ______________ sehen ______________

sprechen ______________ entwickeln ______________

❹ Welcher der drei Sätze ist richtig geschrieben? Kreuze an. (1 Punkt)

☐ Die flache Stirn mit den mächtigen Überaugenwülsten, der kräftige Kauapparat und das fliehende Kinn sind ebenfalls typisch für den Neandertaler.

☐ Die flache Stirn mit den mächtigen Überaugenwülsten, der kräftige Kauapperat und das fliehende Kinn sind ebenfalls typisch für den Neandertaler.

☐ Die flache Stirn mit den mächtigen Überaugenwülsten, der kräftige Kauapparat und das fliehende Kinn sind ebenfalls tüpisch für den Neandertaler.

❺ Suche für die Fremdwörter jeweils die deutsche Bedeutung. (1 Punkt)

robust ______________________

Indizien ______________________

❻ Im folgenden Satz fehlen drei Satzzeichen. Setze sie richtig ein. (1,5 Punkte)

Der moderne Mensch der Homo sapiens der sich zeitgleich im warmen Klima Afrikas entwickelte war größer und schlanker als der Neandertaler.

DRS Name: ______________________ Datum: ______________

Unser Blut – nicht bloß ein roter Saft

Knapp fünf Liter Blut pulsieren durch den Körper eines Jugendlichen. / Dabei erreicht das Blut jeden noch so entlegenen Winkel / und befördert Sauerstoff, Nahrung, Giftstoffe und vieles mehr. / Doch das Blut ist nicht nur Transportmittel. / Die weißen Blutkörperchen sind Immunzellen / und die Polizei des Körpers. / Sie schützen ihn vor Krankheiten durch Infektionen. / Die roten Blutkörperchen nehmen Sauerstoff in der Lunge auf / und bringen Kohlenstoffdioxid dorthin zurück, / das dann ausgeatmet wird. (76 Wörter)

Erkrankungen des Blutes

Es gibt Krankheiten, / bei denen einzelne Teile des Blutes nicht funktionieren. / Bei der Bluterkrankheit können / die Blutplättchen Wunden nicht verschließen, / da der Gerinnungsstoff Fibrin fehlt. / So besteht bei jeder Verletzung / die Gefahr zu verbluten. Bei einer Anämie, / was Blutarmut bedeutet, / hat das Blut nicht genügend rote Blutkörperchen / und der Körper erhält nicht genügend Sauerstoff. / Menschen mit Anämie sind sehr blass. / Den meisten Blutkranken kann heute / durch Medikamente geholfen werden. / Bei großem Blutverlust erhält der Mensch Bluttransfusionen. (79 Wörter)

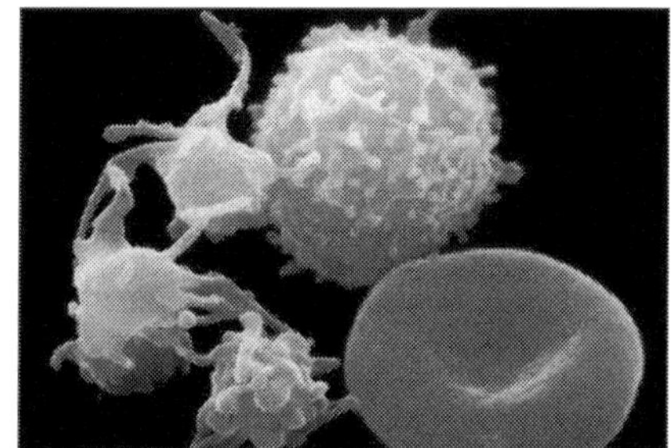

Arbeitsaufgaben:

❶ Schreibe den diktierten Text fehlerlos ab. Trenne dann die Wörter unten richtig.

entlegener ____________________

Immunzellen ____________________

Infektionen ____________________

Kohlenstoffdioxid ____________________

❷ Unterstreiche im zweiten Text alle Wörter mit Dopplungen rot und alle Wörter mit „ß“ grün.

❸ Schreibe zwanzig Wörter auf, die zur Wortfamilie „Blut“ gehören.

❹ Was siehst du auf den zwei Bildern? Beschreibe sie kurz.

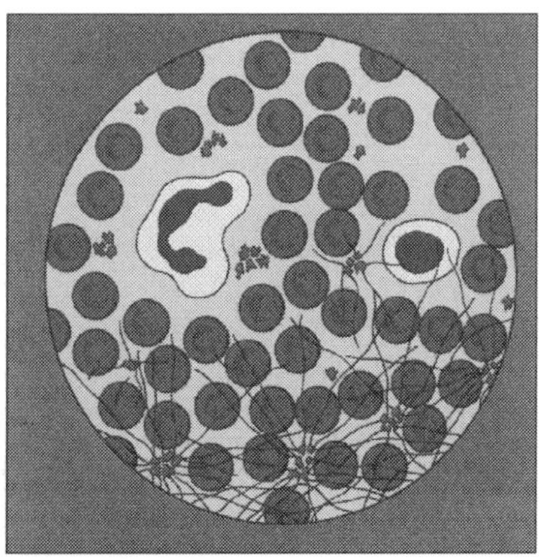

Unser Blut – nicht bloß ein roter Saft

❶ Welche Rechtschreibstrategien musst du anwenden, um die folgenden zwei Wörter an der markierten Stelle richtig schreiben zu können? Schreibe richtig auf. (1 Punkt)

a) Nährstoffe *Ich suche ein verwandtes Wort mit „a“, z. B. „Nahrung“ ➪ „ä“.*

b) vorbeifließen *Ich muss mir das Wort merken. Nach „ie“ kommt häufig ein „ß“.*

❷ Finde die vier fehlerhaften Wörter heraus, die im Text unten enthalten sind. Schreibe die Wörter richtig auf die Leerzeilen. (2 Punkte)

Der österreichische Forscher Karl Landsteiner stellte im Jahr 1901 das AB0-Blutgruppensystem vor. Während Untersuchungen zu ~~Immumreaktionen endeckte~~ Landsteiner auf der Oberfläche der roten Blutkörperchen zwei unterschiedliche Antigene, die er A und B nannte. Bei Antigenen handelt es sich um ~~Supstanzen~~, welche die Bildung von Antikörpern bewirken, sobald sie vom Organismus erkannt werden. Nachdem Landsteiner herausgefunden hatte, dass nicht jeder Mensch über dieselben Antigene auf den roten Blutkörperchen verfügt, konnte er nun die vier ~~Klassischen~~ Blutgruppen A, B, AB und 0 benennen.

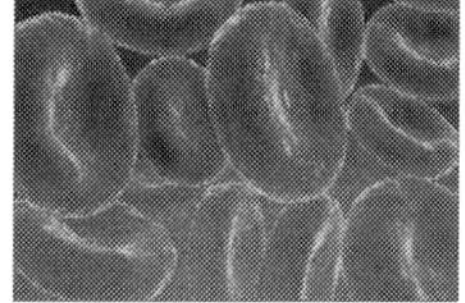

Immunreaktionen

entdeckte

Substanzen

klassischen

❸ Finde zu den vier Substantiven jeweils das passende Adjektiv. (2 Punkte)

Blut *blutig* Körper *körperlich*

Produkt *produziert* Schaden *schädlich*

❹ Steigere die folgenden Adjektive. (2 Punkte)

viel *mehr* *am meisten*

blutig *blutiger* *am blutigsten*

❺ Im folgenden Satz fehlen zwei Satzzeichen. Setze sie richtig ein. (1 Punkt)

Die Blutplättchen sind dünne**,** farblose Scheibchen und helfen, so rasch wie möglich die Wunde zu verstopfen**,** wobei zusätzlich durch Fibrin das Blut gerinnt.

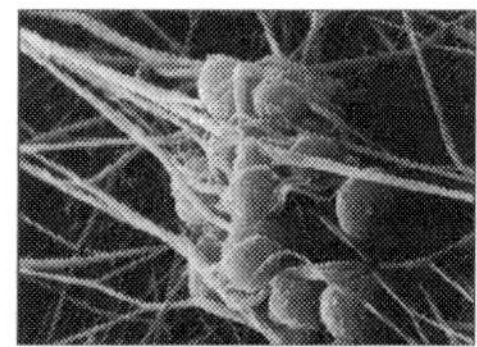

DRS	Name:	Datum:

Unser Blut – nicht bloß ein roter Saft

❶ Welche Rechtschreibstrategien musst du anwenden, um die folgenden zwei Wörter an der markierten Stelle richtig schreiben zu können? Schreibe richtig auf. (1 Punkt)

a) N**ä**hrstoffe ______________________

____

b) vorbeiflie**ß**en ______________________

____

❷ Finde die vier fehlerhaften Wörter heraus, die im Text unten enthalten sind. Schreibe die Wörter richtig auf die Leerzeilen. (2 Punkte)

Der österreichische Forscher Karl Landsteiner stellte im Jahr 1901 das AB0-Blutgruppensystem vor. Während Untersuchungen zu Immumreaktionen endeckte Landsteiner auf der Oberfläche der roten Blutkörperchen zwei unterschiedliche Antigene, die er A und B nannte. Bei Antigenen handelt es sich um Supstanzen, welche die Bildung von Antikörpern bewirken, sobald sie vom Organismus erkannt werden. Nachdem Landsteiner herausgefunden hatte, dass nicht jeder Mensch über dieselben Antigene auf den roten Blutkörperchen verfügt, konnte er nun die vier Klassischen Blutgruppen A, B, AB und 0 benennen.

____

____

____

____

❸ Finde zu den vier Substantiven jeweils das passende Adjektiv. (2 Punkte)

Blut ______________ Körper ______________

Produkt ______________ Schaden ______________

❹ Steigere die folgenden Adjektive. (2 Punkte)

viel __________ ______________

blutig __________ ______________

❺ Im folgenden Satz fehlen zwei Satzzeichen. Setze sie richtig ein. (1 Punkt)

Die Blutplättchen sind dünne farblose Scheibchen und helfen, so rasch wie möglich die Wunde zu verstopfen wobei zusätzlich durch Fibrin das Blut gerinnt.

DRS Name: ____________________ Datum: ____________

Die Sonne – Basis unseres Lebens

Die Sonne erhält alles Leben auf der Erde, / sie leuchtet uns, erwärmt den Boden, / die Meere, die Atmosphäre, / sie steuert das Klima, / sie bringt Trockenperioden und Eiszeiten, / sie treibt den Wind, / der über die Erde weht und unser Wetter bestimmt. / Die Sonnenstürme stören Radioverbindungen / und verursachen elektrische Entladungen. / Die Sonne ist zwar nur ein Stern / unter vielen in unserer Milchstraße, / aber für uns ist die Sonne / der wichtigste Himmelskörper. (76 Wörter)

Das geozentrische Weltbild

Sehr lange galt die Erde als Mittelpunkt der Welt, / umkreist von Körpern am Himmel, / die man Planeten nannte. / Claudius Ptolemäus hatte versucht, / die Bewegung der Planeten / in eine komplizierte Theorie zu fassen. / Demnach gab es sieben Planeten – Sonne und Mond wurden mitgezählt –, / die sich um die Erde bewegten. / Die Sonne und alle Sterne schienen / als Fixsterne bewegungslos am Himmel zu stehen / und sich einmal täglich um die Erde zu drehen. / Dieses Bild von der Welt bezeichnet man / als geozentrisches System, / das bis ins 16. Jahrhundert galt. (89 Wörter)

Arbeitsaufgaben:

❶ Schreibe den diktierten Text ab und notiere alle zusammengesetzten Substantive.

❷ Unterstreiche im Text „Das geozentrische Weltbild" alle Fremdwörter rot und schreibe sie heraus.

❸ Erkläre das Bild unten mit eigenen Worten. Schreibe die Erklärung dann auf.

❹ Informiere dich über das heliozentrische Weltbild.

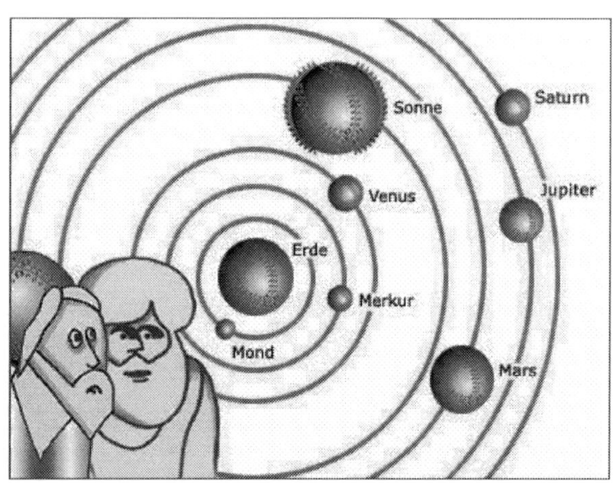

Die Sonne – Basis unseres Lebens

❶ Finde die sechs fehlerhaften Wörter heraus, die im Text unten stecken. Schreibe die Wörter richtig auf die Leerzeilen. (3 Punkte)

Die Sonne ist heiß – für uns unvorstellbar heiß. In ihrem ~~inneren~~ herrschen Temperaturen von rund 15 Millionen Grad Celsius, an der Oberfläche rund 5500 Grad und in der Korona, das ist die ~~äusserste~~ Gashülle der Sonne, über eine Million Grad. Die Korona ist nur bei einer ~~Sonnenfinsterniss~~ sichtbar. Von dort strömen Licht und Wärme ins All. Die Sonne steht im Zentrum unseres ~~Sonnensystem~~ und ist ein ~~rießiger~~ Kernreaktor. Durch die ~~verschmelzung~~ von Wasserstoff zu Helium gewinnt die Sonne eine ungeheuere Menge an Energie.

Inneren	*äußerste*
Sonnenfinsternis	*Sonnensystems*
riesiger	*Verschmelzung*

❷ Welche Rechtschreibstrategien musst du anwenden, um die folgenden drei Wörter an der markierten Stelle richtig schreiben zu können? Kreuze richtig an. (1,5 Punkte)

a) geozentrisch
- ☐ Ich trenne das Wort.
- ☒ Ich achte auf die Nachsilbe.
- ☐ Ich kann das Wort ableiten.

b) am geringsten
- ☒ Ich beachte die Steigerungsstufe.
- ☐ Ich achte auf die Vorsilbe.
- ☐ Ich beachte das Signalwort.

c) Ellipsenbahnen
- ☒ Ich muss mir das Wort merken.
- ☐ Ich suche ähnliche Wörter.
- ☐ Ich achte auf das Grundwort.

❸ Setze im Satz unten das richtige Wort ein und begründe die Schreibweise. (1 Punkt)
Nikolaus Kopernikus (1493–1543) veröffentlichte eine *gewagte* (gewaagte/gewagte) Theorie, in welcher er die Sonne ins Zentrum des Sonnensystems rückte.

„Gewagt" kommt von „wagen" und bedeutet „riskieren", „mutig sein".

❹ Betrachte das Bild rechts und streiche die falschen Aussagen durch. (2,5 Punkte)
- Die Erde ist als Scheibe/~~Kugel~~ dargestellt.
- Es liegt das ~~heliozentrische~~/geozentrische Weltbild vor.
- Die Erde/~~Sonne~~ steht im Zentrum des Sonnensystems.
- Die Sterne stehen fest/~~bewegen sich~~ am Firmament.
- Die Gestirne werden durch Räder/~~durch Gottes Willen~~ angetrieben.

DRS	Name: ____________________	Datum: __________	

Die Sonne – Basis unseres Lebens

❶ Finde die sechs fehlerhaften Wörter heraus, die im Text unten stecken. Schreibe die Wörter richtig auf die Leerzeilen. (3 Punkte)

Die Sonne ist heiß – für uns unvorstellbar heiß. In ihrem inneren herrschen Temperaturen von rund 15 Millionen Grad Celsius, an der Oberfläche rund 5500 Grad und in der Korona, das ist die äusserste Gashülle der Sonne, über eine Million Grad. Die Korona ist nur bei einer Sonnenfinsterniss sichtbar. Von dort strömen Licht und Wärme ins All. Die Sonne steht im Zentrum unseres Sonnensystem und ist ein rießiger Kernreaktor. Durch die verschmelzung von Wasserstoff zu Helium gewinnt die Sonne eine ungeheuere Menge an Energie.

____________________ ____________________

____________________ ____________________

____________________ ____________________

❷ Welche Rechtschreibstrategien musst du anwenden, um die folgenden drei Wörter an der markierten Stelle richtig schreiben zu können? Kreuze richtig an. (1,5 Punkte)

a) **g**eozentrisch
- ☐ Ich trenne das Wort.
- ☐ Ich achte auf die Nachsilbe.
- ☐ Ich kann das Wort ableiten.

b) am **g**eringsten
- ☐ Ich beachte die Steigerungsstufe.
- ☐ Ich achte auf die Vorsilbe.
- ☐ Ich beachte das Signalwort.

c) Elli**p**senbahnen
- ☐ Ich muss mir das Wort merken.
- ☐ Ich suche ähnliche Wörter.
- ☐ Ich achte auf das Grundwort.

❸ Setze im Satz unten das richtige Wort ein und begründe die Schreibweise. (1 Punkt)
Nikolaus Kopernikus (1493–1543) veröffentlichte eine ______________ (gewaagte/gewagte) Theorie, in welcher er die Sonne ins Zentrum des Sonnensystems rückte.

____

____

❹ Betrachte das Bild rechts und streiche die falschen Aussagen durch. (2,5 Punkte)

- Die Erde ist als Scheibe/Kugel dargestellt.
- Es liegt das heliozentrische/geozentrische Weltbild vor.
- Die Erde/Sonne steht im Zentrum des Sonnensystems.
- Die Sterne stehen fest/bewegen sich am Firmament.
- Die Gestirne werden durch Räder/durch Gottes Willen angetrieben.

DRS	Name:	Datum:	

Die Beatles – Rockgruppe der Superlative

Wenn man über die Beatles redet, / kommt man an Superlativen kaum vorbei. / Noch immer sind sie die Gruppe / mit den meisten verkauften Platten weltweit, / nämlich 1,3 Milliarden Stück. / Auch die meisten Top-Platzierungen / in den Charts erreichten sie, / 22 allein in den USA. / Als erste Boyband der Popgeschichte sorgten sie / bei den Fans für nie dagewesene Begeisterungsstürme. / Geboren in Liverpool, / stammten alle vier aus armen Verhältnissen. (70 Wörter)

Die Anfänge der Beatles

John Lennon war der rebellischste der Beatles – / ein Schulschwänzer, der häufig in Prügeleien verwickelt war. / Paul McCartney lernte er auf dem Sommerfest / einer Kirchengemeinde kennen. / Dieser 6. Juli 1957 wird / als Gründungsdatum der Beatles angesehen, / denn John und Paul entwickelten sich / zur treibenden musikalischen Kraft der Gruppe. / George Harrison wurde Anfang 1958 in die Band aufgenommen / und brachte es schnell zum Lead-Gitarristen. / Am Schlagzeug saß zu Beginn noch Pete Best, / der Ende 1962 gegen Ringo Starr ausgetauscht wurde. (78 Wörter)

Arbeitsaufgaben:

❶ Schreibe den diktierten Text ab und setze dann alle Verben in die Grundform.

❷ Schreibe aus dem Text „Die Anfänge der Beatles" die Namen der Gruppenmitglieder und ihre Instrumente heraus .

❸ Beschreibe die beiden Bilder mit eigenen Worten.

❹ Informiere dich über das Schicksal der einzelnen Gruppenmitglieder.

Die Beatles – Rockgruppe der Superlative

❶ Welche Rechtschreibstrategien musst du anwenden, um die folgenden drei Wörter an der markierten Stelle richtig schreiben zu können? Verbinde richtig. (1,5 Punkte)

a) **R**esignation — Ich trenne das Wort. / **Ich achte auf die Nachsilbe.** / Ich kann das Wort ableiten.

b) aussö**h**nen — Ich höre genau hin. / Ich achte auf die Vorsilbe. / **Ich muss mir das Wort merken.**

c) unveröffen**t**licht — Ich beachte die Nachsilbe. / **Ich spreche silbenweise mit.** / Ich achte auf die Vorsilbe.

❷ Finde die vier fehlerhaften Wörter heraus, die im Text unten stecken. Schreibe diese Wörter richtig auf die Leerzeilen. (2 Punkte)

Was war das Geheimnis dieses globalen Siegeszugs? Viele meinen, der Erfolg lag vor allem im ~~Naturel~~ der Beatles selbst begründet – in ihrer ansteckenden, nie aufgesetzt wirkenden Fröhlichkeit. Nicht zu unterschätzen war aber auch, dass ~~Menetschment~~ und Plattenfirma ihr Produkt extrem geschickt vermarkteten. Die Beatles betrieben einen Fanclub, traten in ~~Fernsehshow~~ auf und drehten Filme. Sie produzierten erstmals mehrere Kurzfilme, die sie kostenlos an Fernsehstationen verteilten – der ~~Videoclipp~~ war geboren.

Naturell   *Management*

Fernsehshows   *Videoclip*

❸ Setze im Satz unten das richtige Wort ein und begründe die Schreibweise. (1,5 Punkte)
1995 trafen sich nach John Lennons Tod 1980 die verbliebenen drei Bandmitglieder *wieder* (wider/wieder) im Studio, um zwei unveröffentlichte Songs einzuspielen.

Das Wort „wieder" bedeutet hier „noch einmal", „erneut".

❹ Trenne folgende Wörter. (1,5 Punkte)

- Fernsehstationen *Fern - seh - sta - ti - o - nen*
- interessieren *in - te - res - sie - ren (in - ter - es - sie - ren)*
- meisterhaft *meis - ter - haft*

❺ Setze die fehlenden Satzzeichen richtig ein. (1,5 Punkte)
Wo auch immer sie auftauchten**,** wurden sie bereits von hysterisch kreischenden Fans erwartet**,** die sich ihren Idolen zu Füßen warfen**,** mitunter ihnen auch auf Schritt und Tritt folgten.

DRS Name: ____________________ Datum: ____________

Die Beatles – Rockgruppe der Superlative

❶ Welche Rechtschreibstrategien musst du anwenden, um die folgenden drei Wörter an der markierten Stelle richtig schreiben zu können? Verbinde richtig. (1,5 Punkte)

a) **R**esignation	Ich trenne das Wort. Ich achte auf die Nachsilbe. Ich kann das Wort ableiten.
b) aussö**h**nen	Ich höre genau hin. Ich achte auf die Vorsilbe. Ich muss mir das Wort merken.
c) unveröffen**t**licht	Ich beachte die Nachsilbe. Ich spreche silbenweise mit. Ich achte auf die Vorsilbe.

❷ Finde die vier fehlerhaften Wörter heraus, die im Text unten stecken. Schreibe diese Wörter richtig auf die Leerzeilen. (2 Punkte)

Was war das Geheimnis dieses globalen Siegeszugs? Viele meinen, der Erfolg lag vor allem im Naturel der Beatles selbst begründet – in ihrer ansteckenden, nie aufgesetzt wirkenden Fröhlichkeit. Nicht zu unterschätzen war aber auch, dass Menetschment und Plattenfirma ihr Produkt extrem geschickt vermarkteten. Die Beatles betrieben einen Fanclub, traten in Fernsehshow auf und drehten Filme. Sie produzierten erstmals mehrere Kurzfilme, die sie kostenlos an Fernsehstationen verteilten – der Videoclipp war geboren.

____________________ ____________________

____________________ ____________________

❸ Setze im Satz unten das richtige Wort ein und begründe die Schreibweise. (1,5 Punkte)
1995 trafen sich nach John Lennons Tod 1980 die verbliebenen drei Bandmitglieder __________ (wider/wieder) im Studio, um zwei unveröffentlichte Songs einzuspielen.

____

____

❹ Trenne folgende Wörter. (1,5 Punkte)

- Fernsehstationen ____________________
- interessieren ____________________
- meisterhaft ____________________

❺ Setze die fehlenden Satzzeichen richtig ein. (1,5 Punkte)
Wo auch immer sie auftauchten wurden sie bereits von hysterisch kreischenden Fans erwartet die sich ihren Idolen zu Füßen warfen mitunter ihnen auch auf Schritt und Tritt folgten.

DRS Name: ______________________ Datum: ______________

Ameisen – extrem gut organisiert

Ameisen sind unglaublich erfolgreich. / Mehr als 100 Billiarden einzelne Ameisen / leben auf der Erde. / Die Biomasse aller Ameisen auf der Erde / übersteigt deutlich jene der Menschen, / obwohl ein einzelnes Tier nur bis zu zehn Milligramm wiegt. / Schon vor rund 130 Millionen Jahren / gab es Ameisen. / Auf der Erde leben etwa 12500 Arten, / in Europa nur etwa 180. / Einer der Gründe für den enormen Erfolg der Ameisen ist, / dass sie in gut funktionierenden Staaten organisiert sind. (80 Wörter)

Die Kasten der Ameisen

Ameisen einer Art treten in drei Formen auf, / den sogenannten __________: __________-__________, ______________ und ______________. / Diese unterscheiden sich nicht nur im Aussehen, / auch ihre ______________ im Staat sind unterschiedlich. / Die Männchen befruchten die Königinnen, / während diese für Nachkommen sorgen. / Die Arbeiterinnen gehen auf ______________, / bauen und verteidigen das __________ / und versorgen Brut und Königin mit Nahrung. / Je nach Arbeit kann sich auch die ____________ / der Tiere deutlich voneinander unterscheiden. / So besitzen etwa die Nestverteidiger / besonders kräftige ______________. (81 Wörter)

Oberkiefer – Männchen – Kasten – Aufgaben – Königinnen – Gestalt – Nest – Futtersuche – Arbeiterinnen

Arbeitsaufgaben:

❶ Schreibe den diktierten Text fehlerlos ab und unterstreiche die für dich schwierigen Begriffe.

❷ Setze im zweiten Text die Lückenwörter richtig ein.

❸ Beschreibe die zwei Bilder unten.

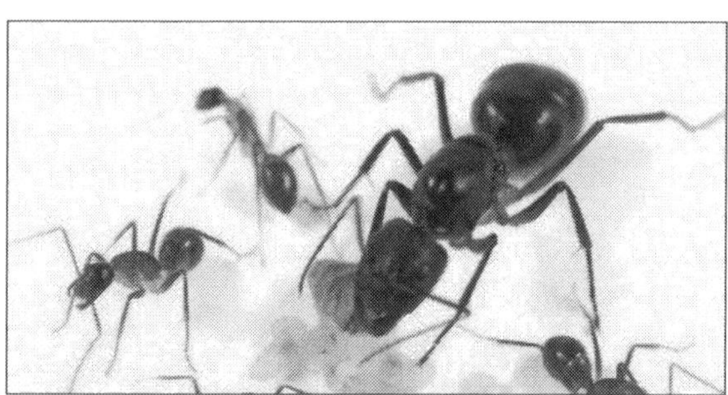

Ameisen – extrem gut organisiert

❶ Finde die vier fehlerhaften Wörter heraus, die im Text unten stecken. Schreibe die Wörter richtig auf die Leerzeilen. (2 Punkte)

Zwischen den Völkern einer Ameisenart, aber auch zwischen Völkern unterschiedlicher Arten kommt es oft zu dramatischen Schlachten mit vielen ~~Toden~~. Es kann vorkommen, dass die Sieger die Besiegten versklaven, das heißt, eine unterlegene Kolonie muss als Diener der Sieger ihr Leben ~~frissten~~. Stets aber handeln die Mitglieder einer ~~Kolonnie~~ im gleichen Sinne. Die soziale Organisation der Ameisen sucht ihresgleichen und ist besonders ~~stabiel~~.

Toten *fristen*

Kolonie *stabil*

❷ Welche Rechtschreibstrategien musst du anwenden, um die folgenden drei Wörter an der markierten Stelle richtig schreiben zu können? Kreuze richtig an. (1,5 Punkte)

a) Pflanzenst**ä**ngel
- ☐ Ich trenne das Wort.
- ☐ Ich achte auf das Grundwort.
- ☒ Ich kann das Wort ableiten.

b) kollekti**v**
- ☐ Ich beachte die Steigerungsstufe.
- ☒ Ich achte auf die Nachsilbe.
- ☐ Ich beachte das Signalwort.

c) die **R**ote Waldameise
- ☐ Ich muss mir das Wort merken.
- ☐ Ich suche ähnliche Wörter.
- ☒ Ich achte auf die Großschreibung bei Eigennamen.

❸ Setze die fehlenden drei Satzzeichen richtig ein. (1,5 Punkte)

Ameisen nisten in Erdlöchern**,** in Holz oder hohlen Pflanzenstängeln**,** unter Steinen**,** gründen ihre Nisthaufen auf der Erde und bauen Nester aus Fichtennadeln oder gewobenen Blättern.

❹ Betrachte das Bild rechts unten und setze richtig ein. (2 Punkte)

① Fa*c*ettenauge ② Fü*hl*er ③ Oberk*ie*fer ④ Tasth*aa*re

❺ Kreuze an, welcher Satz richtig geschrieben ist. (1 Punkt)

- ☐ Viele Ameisen sind äußerst wärmeliebend, auch die Eier und Larfen mögen es warm.
- ☐ Viele Ameisenarten sind äußerst Wärmeliebend, auch die Eier und Larven mögen es warm.
- ☒ Viele Ameisenarten sind äußerst wärmeliebend, auch die Eier und Larven mögen es warm.

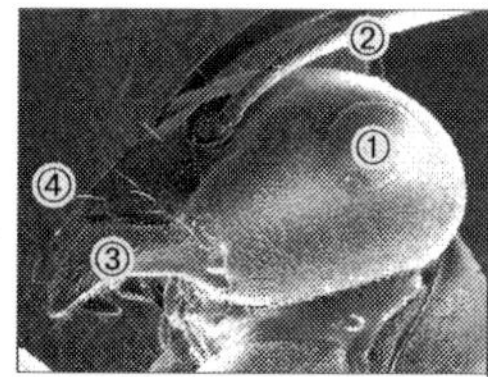

DRS	Name: ______________________	Datum: ____________	

Ameisen – extrem gut organisiert

❶ Finde die vier fehlerhaften Wörter heraus, die im Text unten stecken. Schreibe die Wörter richtig auf die Leerzeilen. (2 Punkte)

Zwischen den Völkern einer Ameisenart, aber auch zwischen Völkern unterschiedlicher Arten kommt es oft zu dramatischen Schlachten mit vielen Toden. Es kann vorkommen, dass die Sieger die Besiegten versklaven, das heißt, eine unterlegene Kolonie muss als Diener der Sieger ihr Leben frissten. Stets aber handeln die Mitglieder einer Kolonnie im gleichen Sinne. Die soziale Organisation der Ameisen sucht ihresgleichen und ist besonders stabiel.

______________________ ______________________

______________________ ______________________

❷ Welche Rechtschreibstrategien musst du anwenden, um die folgenden drei Wörter an der markierten Stelle richtig schreiben zu können? Kreuze richtig an. (1,5 Punkte)

a) Pflanzenst**ä**ngel	☐	Ich trenne das Wort.
	☐	Ich achte auf das Grundwort.
	☐	Ich kann das Wort ableiten.
b) kollekt**i**v	☐	Ich beachte die Steigerungsstufe.
	☐	Ich achte auf die Nachsilbe.
	☐	Ich beachte das Signalwort.
c) die **R**ote Waldameise	☐	Ich muss mir das Wort merken.
	☐	Ich suche ähnliche Wörter.
	☐	Ich achte auf die Großschreibung bei Eigennamen.

❸ Setze die fehlenden drei Satzzeichen richtig ein. (1,5 Punkte)

Ameisen nisten in Erdlöchern in Holz oder hohlen Pflanzenstängeln unter Steinen gründen ihre Nisthaufen auf der Erde und bauen Nester aus Fichtennadeln oder gewobenen Blättern.

❹ Betrachte das Bild rechts unten und setze richtig ein. (2 Punkte)

① Fa____ettenauge ② Fü____er ③ Oberk____fer ④ Tasth____re

❺ Kreuze an, welcher Satz richtig geschrieben ist. (1 Punkt)

☐ Viele Ameisen sind äußerst wärmeliebend, auch die Eier und Larfen mögen es warm.

☐ Viele Ameisenarten sind äußerst Wärmeliebend, auch die Eier und Larven mögen es warm.

☐ Viele Ameisenarten sind äußerst wärmeliebend, auch die Eier und Larven mögen es warm.

DRS	Name:	Datum:	

Fliegen – ein Menschheitstraum

Der Mensch träumt schon seit Urzeiten davon, / fliegen zu können. / Für alle Fluggeräte stand der Vogel Pate. / Erste Skizzen von Fallschirmen und / hubschrauberähnlichen Fluggeräten / fertigte Leonardo da Vinci im 15. Jahrhundert / nach ausgiebigem Studium des Vogelfluges an. / Aber erst Ende des 19. Jahrhunderts / wurde der Traum vom Fliegen wahr. / Otto Lilienthal versuchte, / die Flugmethode der Vögel nachzuahmen / und war als erster erfolgreich. / Doch unsere modernen Fluggeräte haben die Perfektion / des Vogelfluges bei weitem noch nicht erreicht. (78 Wörter)

Lautlos wie eine Eule

Der Flügelschlag der Eule ist nicht zu hören. / Sie kann ihre Flügel durch Spreizen der Schwungfedern verformen. / Außerdem sind die Flügel in viele kleine Federn aufgeteilt. / Dadurch entstehen keine großen Wirbel, / sondern viele kleine. / Alles zusammen bewirkt, / dass die Eule nahezu lautlos fliegen kann. / Diese Technik wird jetzt für Hubschrauber eingesetzt. / Die neuen Rotorenblätter können sich in gewissem Maße verformen, / wodurch der Hubschrauberlärm / um die Hälfte verringert werden konnte. (73 Wörter)

Arbeitsaufgaben:

❶ Schreibe den diktierten Text ab und notiere alle zusammengesetzten Substantive.

❷ Schreibe aus dem Text „Lautlos wie eine Eule“ alle Wörter mit „ss“ und „ß“ heraus.

____________ ____________

____________ ____________

❸ Erkläre die Bilder unten mit eigenen Worten. Schreibe die Erklärung dann auf.

Fliegen – ein Menschheitstraum

❶ Welche Rechtschreibstrategien musst du anwenden, um die folgenden zwei Wörter an der markierten Stelle richtig schreiben zu können? Schreibe richtig auf. (1 Punkt)

a) Greifvögel — *Ich kann das Wort „Greif“ von „greifen“ ableiten.*

b) vorbeifliegen — *Das Wort ist ein Merkwort. Lang gesprochenes „i“ schreibt man oft mit „ie“.*

❷ Finde die vier fehlerhaften Wörter heraus, die im Text unten enthalten sind. Schreibe die Wörter richtig auf die Leerzeilen. (2 Punkte)

Otto Lilienthal, der von 1848 bis 1896 lebte, gilt als der Luftfahrtpionier, der das Flugproblem ~~gelößt~~ hat. Er war der erste, der die Wirkung verschiedener ~~Flügelprofiele~~ systematisch vermaß und dokumentierte. Er war der erste, der aufbauend auf diesen Messungen wiederholt kontrolliert geflogen ist und seine Erkenntnisse regelmäßig ~~puplizierte~~. Und schließlich war er der erste, der einen ~~Flugapperat~~ zur Serienreife entwickelte und verkaufte. Die Gebrüder Wright haben diese Rolle Lilienthals ausdrücklich hervorgehoben.

gelöst

Flügelprofile

publizierte

Flugapparat

❸ Finde zu den vier Verben jeweils das passende Substantiv. (2 Punkte)

stürzen *der Sturz* — gelten *die Geltung*

rotieren *die Rotation* — schädigen *der Schaden*

❹ Setze folgende Verben in die 1. Vergangenheit. (2 Punkte)

er gleitet – er *glitt* — er bremst – er *bremste*

wir lassen – wir *ließen* — er fliegt – er *flog*

❺ Kreuze an, welcher Satz richtig geschrieben ist. (1 Punkt)

- ☐ Leonardo da Vinci gilt heute als eines der Außergewöhnlichsten Genies aller Zeiten.
- ☒ Leonardo da Vinci gilt heute als eines der außergewöhnlichsten Genies aller Zeiten.
- ☐ Leonardo da Vinci gilt heute als eines der aussergewöhnlichsten Genies aller Zeiten.

DRS | Name: | Datum:

Fliegen – ein Menschheitstraum

❶ Welche Rechtschreibstrategien musst du anwenden, um die folgenden zwei Wörter an der markierten Stelle richtig schreiben zu können? Schreibe richtig auf. (1 Punkt)

a) Grei**f**vögel ______________________

____

b) vorbeifl**ie**gen ______________________

____

❷ Finde die vier fehlerhaften Wörter heraus, die im Text unten enthalten sind. Schreibe die Wörter richtig auf die Leerzeilen. (2 Punkte)

Otto Lilienthal, der von 1848 bis 1896 lebte, gilt als der Luftfahrtpionier, der das Flugproblem gelößt hat. Er war der erste, der die Wirkung verschiedener Flügelprofiele systematisch vermaß und dokumentierte. Er war der erste, der aufbauend auf diesen Messungen wiederholt kontrolliert geflogen ist und seine Erkenntnisse regelmäßig puplizierte. Und schließlich war er der erste, der einen Flugapperat zur Serienreife entwickelte und verkaufte. Die Gebrüder Wright haben diese Rolle Lilienthals ausdrücklich hervorgehoben.

____

____

____

____

❸ Finde zu den vier Verben jeweils das passende Substantiv. (2 Punkte)

stürzen ______________ gelten ______________

rotieren ______________ schädigen ______________

❹ Setze folgende Verben in die 1. Vergangenheit. (2 Punkte)

er gleitet – er ______________ er bremst – er ______________

wir lassen – wir ______________ er fliegt – er ______________

❺ Kreuze an, welcher Satz richtig geschrieben ist. (1 Punkt)

- ☐ Leonardo da Vinci gilt heute als eines der Außergewöhnlichsten Genies aller Zeiten.
- ☐ Leonardo da Vinci gilt heute als eines der außergewöhnlichsten Genies aller Zeiten.
- ☐ Leonardo da Vinci gilt heute als eines der aussergewöhnlichsten Genies aller Zeiten.

DRS	Name:	Datum:

Der Regenwald – lebenswichtig für den Menschen

Rund um den Globus erstrecken sich / in den immerfeuchten, warmen Regionen beiderseits des Äquators / die bedeutendsten Urwälder der Erde – / die tropischen Regenwälder. / Erst das hier herrschende Klima / ermöglicht das Wachstum des grünen Dschungels. / Die Niederschlagsmenge kann bis zu / 10000 Millimeter im Jahr betragen. / Die Tropenwälder spielen eine wichtige Rolle / als „grüne Lunge" der Erde. / Sie speichern große Mengen des Treibhausgases Kohlendioxid / und mindern so die vom Menschen verursachte globale Erwärmung. (74 Wörter)

Wunderwald Regenwald

Tropische Wälder sind, / abgesehen von ihrem Artenreichtum und der Schönheit, / auch noch Speisekammer, Apotheke, / Wasserspeicher und Klimaregulator. / So sind über achtzig Prozent / aller weltweiten Nutzpflanzen tropischen Ursprungs, / wie beispielsweise Banane, Kakao oder Gummi. / Viele der Tier- und Pflanzenarten sind jedoch noch überhaupt nicht entdeckt / und nur etwa ein Prozent ist bislang wissenschaftlich erforscht. / Trotzdem entstammt diesem kleinen Anteil untersuchter Arten / bereits ein Viertel unserer rezeptpflichtigen Medikamente. (68 Wörter)

Arbeitsaufgaben:

❶ Schreibe den diktierten Text ab. Unterstreiche alle Wörter mit Dopplungen und notiere sie.

❷ Schreibe aus dem Text „Wunderwald Regenwald" die vielfältigen Aufgaben des Regenwaldes heraus.

❸ Wo findest du auf der Weltkarte die tropischen Regenwälder?

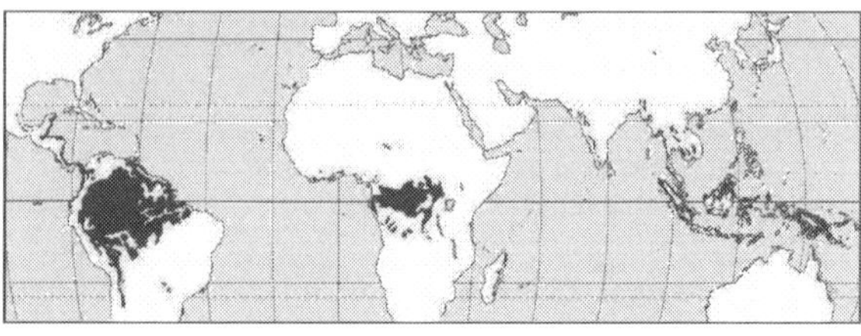

____

____

____

❹ Suche zur Wortfamilie „Tropen" möglichst viele Wörter und schreibe sie auf deinen Block.

❺ Informiere dich mithilfe des Internets über die extreme Gefährdung des tropischen Regenwaldes. Kannst du etwas zur Minderung dieser Gefahr beitragen?

Der Regenwald – lebenswichtig für den Menschen

❶ Finde die sechs fehlerhaften Wörter heraus, die im Text unten stecken. Schreibe die Wörter richtig auf die Leerzeilen. (3 Punkte)

Regenwälder funktionieren wie ~~Rießenschwämme~~, die Regenwasser aufsaugen und es über die Blätter wieder ~~ausschitzen~~. Sie produzieren ihre eigenen Wolken und der ~~Verdunstungszüklus~~ sorgt auch in weit entfernten Trockengebieten für ~~lebennotwendige~~ Niederschläge. Außerdem spielen Tropenwälder eine wichtige Rolle als „grüne Lunge". Sie speichern große ~~mengen~~ des Treibhausgases Kohlendioxid und mindern so die vom Menschen ~~veruhrsachte~~ globale Erwärmung.

Riesenschwämme — *ausschwitzen*
Verdunstungszyklus — *lebensnotwendige*
Mengen — *verursachte*

❷ Welche Rechtschreibstrategien musst du anwenden, um die folgenden drei Wörter an der markierten Stelle richtig schreiben zu können? Kreuze richtig an. (1,5 Punkte)

a) nährstoffarm
- ☐ Ich trenne das Wort.
- ☒ Ich achte auf das Grundwort.
- ☐ Ich kann das Wort ableiten.

b) etwas Besonderes
- ☐ Ich beachte die Steigerungsstufe.
- ☐ Ich achte auf die Vorsilbe.
- ☒ Ich beachte das Signalwort.

c) Recycling
- ☒ Ich muss mir das Wort merken.
- ☐ Ich suche ähnliche Wörter.
- ☐ Ich achte auf die Endung des Wortes.

❸ Setze die fehlenden zwei Satzzeichen richtig ein. (1 Punkt)

Dabei wird der Wirtsbaum immer enger umschlossen, quasi erwürgt, bis er schließlich abstirbt.

❹ Finde drei Wörter mit der Vorsilbe „Prä-"/„prä-". Schreibe sie unten auf. (1,5 Punkte)

Präsens — *präsentieren* — *präparieren*

❺ Kreuze an, welcher Satz richtig geschrieben ist. (1 Punkt)

- ☐ Die tropischen Regenwälder zählen zu den producktivsten Ökosystemen der Welt.
- ☐ Die tropischen Regenwälder zählen zu den producktivsten Öckosystemen der Welt.
- ☒ Die tropischen Regenwälder zählen zu den produktivsten Ökosystemen der Welt.

Hubert Albus: 56 neue Kurzdiktate • 7./8. Klasse • Best.-Nr. 431

DRS Name: ______________________ Datum: ____________

Der Regenwald – lebenswichtig für den Menschen

❶ Finde die sechs fehlerhaften Wörter heraus, die im Text unten stecken. Schreibe die Wörter richtig auf die Leerzeilen. (3 Punkte)

Regenwälder funktionieren wie Rießenschwämme, die Regenwasser aufsaugen und es über die Blätter wieder ausschitzen. Sie produzieren ihre eigenen Wolken und der Verdunstungszüklus sorgt auch in weit entfernten Trockengebieten für lebennotwendige Niederschläge. Außerdem spielen Tropenwälder eine wichtige Rolle als „grüne Lunge". Sie speichern große mengen des Treibhausgases Kohlendioxid und mindern so die vom Menschen veruhrsachte globale Erwärmung.

______________________ ______________________

______________________ ______________________

______________________ ______________________

❷ Welche Rechtschreibstrategien musst du anwenden, um die folgenden drei Wörter an der markierten Stelle richtig schreiben zu können? Kreuze richtig an. (1,5 Punkte)

a) **n**ährstoffarm
- ☐ Ich trenne das Wort.
- ☐ Ich achte auf das Grundwort.
- ☐ Ich kann das Wort ableiten.

b) etwas **B**esonderes
- ☐ Ich beachte die Steigerungsstufe.
- ☐ Ich achte auf die Vorsilbe.
- ☐ Ich beachte das Signalwort.

c) Rec**y**cling
- ☐ Ich muss mir das Wort merken.
- ☐ Ich suche ähnliche Wörter.
- ☐ Ich achte auf die Endung des Wortes.

❸ Setze die fehlenden zwei Satzzeichen richtig ein. (1 Punkt)

Dabei wird der Wirtsbaum immer enger umschlossen quasi erwürgt bis er schließlich abstirbt.

❹ Finde drei Wörter mit der Vorsilbe „Prä-"/„prä-". Schreibe sie unten auf. (1,5 Punkte)

______________ ______________ ______________

❺ Kreuze an, welcher Satz richtig geschrieben ist. (1 Punkt)

- ☐ Die tropischen Regenwälder zählen zu den producktivsten Ökosystemen der Welt.
- ☐ Die tropischen Regenwälder zählen zu den producktivsten Öckosystemen der Welt.
- ☐ Die tropischen Regenwälder zählen zu den produktivsten Ökosystemen der Welt.

DRS Name: ______________________ Datum: ______________

Die Erdatmosphäre – eine schützende Schicht

Sie ist einzigartig in unserem Sonnensystem – / unsere Erdatmosphäre. / Sie gibt uns die Luft zum Atmen, / zaubert ein zartes Blau an den Himmel / und schützt uns vor den gefährlichen Sonnenwinden, / die mit einer Geschwindigkeit von 400 Metern / pro Sekunde auf unseren Planeten zurasen. / Dieser gewaltige Ansturm geladener Teilchen / wäre verheerend für das Leben, / wenn es da nicht die Atmosphäre gäbe, / die sich wie ein schützender Schleier um die Erde legt / und den Teilchenstrom ausbremst. (77 Wörter)

Woraus besteht unsere Erdatmosphäre?

Ihre Hau____bestandteile sind Sti____stoff zu 78 Prozent, / Sauerstoff zu 21 Prozent / und etwas weniger als ein Prozent das Edelgas Argon. / Der win____ge Rest sind Spurengase. / Dazu gehört zum Beispiel Kohlen_____xid, / das einen V____umenanteil von etwa 0,03 Prozent hat. / Unglaublich wenig erscheint das / und tro____dem hat das Treibhausgas Kohlendioxid / e____rme Auswirkungen auf das Klima auf der Erde. / Weitere Gase, / die in noch geringeren ____teilen in der Atmo_____äre vorkommen / und ebenfalls einen gr____en Einfl_____ auf das Klima haben, / sind Methan und O___on. (84 Wörter)

Arbeitsaufgaben:

❶ Schreibe den diktierten Text ab. Erkläre die zwei unterstrichenen Rechtschreibfälle.

❷ Setze die fehlenden Buchstaben in den Text „Woraus besteht unsere Erdatmosphäre?" ein. Schreibe anschließend den ganzen Text ab.

❸ Informiere dich mithilfe des Internets über die Einflüsse der wichtigsten Spurengase auf unser Klima.

Die Erdatmosphäre – eine schützende Schicht

❶ Finde die vier fehlerhaften Wörter heraus, die im Text unten stecken. Schreibe die Wörter richtig auf die Leerzeilen. (2 Punkte)

Eine andere Schutzfunktion der Atmosphäre ist der natürliche Treibhauseffekt. Die Treibhausgase in der Atmosphäre sorgen dafür, ~~das~~ die von der Erde zurückgestrahlte langwellige ~~Infrablaustrahlung~~ nicht vollständig in den Weltraum abwandert, sondern teilweise ~~zurück gehalten~~ wird. Ohne diesen natürlichen Treibhauseffekt würden auf der Erde statt unserer gewohnten durchschnittlich plus 15 Grad eisige ~~Minus~~ 18 Grad Celsius herrschen.

dass | *Infrarotstrahlung*
zurückgehalten | *minus*

❷ Welche Rechtschreibstrategien musst du anwenden, um die folgenden drei Wörter an der markierten Stelle richtig schreiben zu können? Kreuze richtig an. (1,5 Punkte)

a) hoffen**t**lich
- ☒ Ich spreche das Wort silbenweise mit.
- ☐ Ich achte auf die Nachsilbe.
- ☐ Ich kann das Wort ableiten.

b) beim **E**inatmen
- ☐ Ich achte auf das Bestimmungswort.
- ☒ Ich achte auf das Signalwort.
- ☐ Ich suche ähnliche Wörter.

c) Sauerstoffmolek**ü**le
- ☐ Ich trenne das Wort.
- ☐ Ich suche ein ähnliches Wort.
- ☒ Ich muss mir das Wort merken.

❸ Setze jeweils die passende Konjunktion ein. (1,5 Punkte)

a) Es ist bekannt, ***dass*** der Luftdruck nach oben hin abnimmt.

b) Wir produzieren nach wie vor schädigende Klimagase, ***obwohl*** sich das Ozonloch ständig vergrößert.

c) ***Wenn*** die Polkappen weiterhin so stark schmelzen, wird der Meeresspiegel deutlich ansteigen.

❹ Setze den Satz unten in die indirekte Rede. (1 Punkt)

Experten behaupten: „Die Klimakonferenz von Kopenhagen ist umsonst gewesen."

Experten behaupten, die Klimakonferenz von Kopenhagen sei umsonst gewesen.

❺ Kreuze an, welcher Satz richtig geschrieben ist. (1 Punkt)

- ☐ Es wird vorraussichtlich kontinuirlich wärmer auf der Erde werden.
- ☒ Es wird voraussichtlich kontinuierlich wärmer auf der Erde werden.
- ☐ Es wird voraussichtlich kontinuirlich wärmer auf der Erde werden.

DRS	Name: ____________	Datum: ________	

Die Erdatmosphäre – eine schützende Schicht

❶ Finde die vier fehlerhaften Wörter heraus, die im Text unten stecken. Schreibe die Wörter richtig auf die Leerzeilen. (2 Punkte)

Eine andere Schutzfunktion der Atmosphäre ist der natürliche Treibhauseffekt. Die Treibhausgase in der Atmosphäre sorgen dafür, das die von der Erde zurückgestrahlte langwellige Infrablaustrahlung nicht vollständig in den Weltraum abwandert, sondern teilweise zurück gehalten wird. Ohne diesen natürlichen Treibhauseffekt würden auf der Erde statt unserer gewohnten durchschnittlich plus 15 Grad eisige Minus 18 Grad Celsius herrschen.

______________________ ______________________

______________________ ______________________

❷ Welche Rechtschreibstrategien musst du anwenden, um die folgenden drei Wörter an der markierten Stelle richtig schreiben zu können? Kreuze richtig an. (1,5 Punkte)

a) hoffen**t**lich
- ☐ Ich spreche das Wort silbenweise mit.
- ☐ Ich achte auf die Nachsilbe.
- ☐ Ich kann das Wort ableiten.

b) beim **E**inatmen
- ☐ Ich achte auf das Bestimmungswort.
- ☐ Ich achte auf das Signalwort.
- ☐ Ich suche ähnliche Wörter.

c) Sauerstoffmolek**ü**le
- ☐ Ich trenne das Wort.
- ☐ Ich suche ein ähnliches Wort.
- ☐ Ich muss mir das Wort merken.

❸ Setze jeweils die passende Konjunktion ein. (1,5 Punkte)

a) Es ist bekannt, ______ der Luftdruck nach oben hin abnimmt.

b) Wir produzieren nach wie vor schädigende Klimagase, __________ sich das Ozonloch ständig vergrößert.

c) ________ die Polkappen weiterhin so stark schmelzen, wird der Meeresspiegel deutlich ansteigen.

❹ Setze den Satz unten in die indirekte Rede. (1 Punkt)

Experten behaupten: „Die Klimakonferenz von Kopenhagen ist umsonst gewesen."

____

____

❺ Kreuze an, welcher Satz richtig geschrieben ist. (1 Punkt)

- ☐ Es wird vorraussichtlich kontinuirlich wärmer auf der Erde werden.
- ☐ Es wird voraussichtlich kontinuierlich wärmer auf der Erde werden.
- ☐ Es wird voraussichtlich kontinuirlich wärmer auf der Erde werden.

DRS Name: ______________________ Datum: ______________

Unsaubere Luft – ein globales Problem

Noch immer kann von sauberer Luft keine Rede sein, / denn sowohl die alltägliche Verbrennung des Hausmülls / als auch Industrie und Verkehr verpesten / nach wie vor die Umwelt. / Während früher die qualmenden Schornsteine / und die Gasemissionen zu den größten Problemverursachern gehörten, / ist es heute unter anderem der zunehmende Verkehr. / Emissionen wie Stickstoffdioxide, / Kohlenmonoxide oder Fluorkohlenwasserstoffe / schaden nicht nur der Umwelt und dem Klima, / sondern auch dem Menschen. (71 Wörter)

Dünger und Müll – Gift für den Boden

Überdüngung und das Ablagern giftiger Altlasten / und Schwermetalle belasten die Böden erheblich / und verseuchen zudem das Grundwasser. / Ein Problem, das lange unterschätzt wurde, / ist die zunehmende Versiegelung des Bodens. / Immer mehr Straßen werden gebaut, / immer mehr Landschaft wird in Bauland umgewandelt. / Der Boden wird abgedichtet, was bedeutet, / dass Niederschläge nicht mehr versickern können. / Die Folge ist, dass der Grundwasserspiegel sinkt, / die Landschaft verödet. (70 Wörter)

Arbeitsaufgaben:

❶ Schreibe den diktierten Text ab. Unterstreiche alle Fremdwörter und Fachbegriffe und notiere sie auf deinem Block.

❷ Schreibe aus dem Text „Dünger und Müll – Gift für den Boden" alle Substantive mit Artikel heraus. Setze diese, wo möglich, in die Einzahl.

❸ Beschreibe das Bild unten mit einem einzigen Satz.

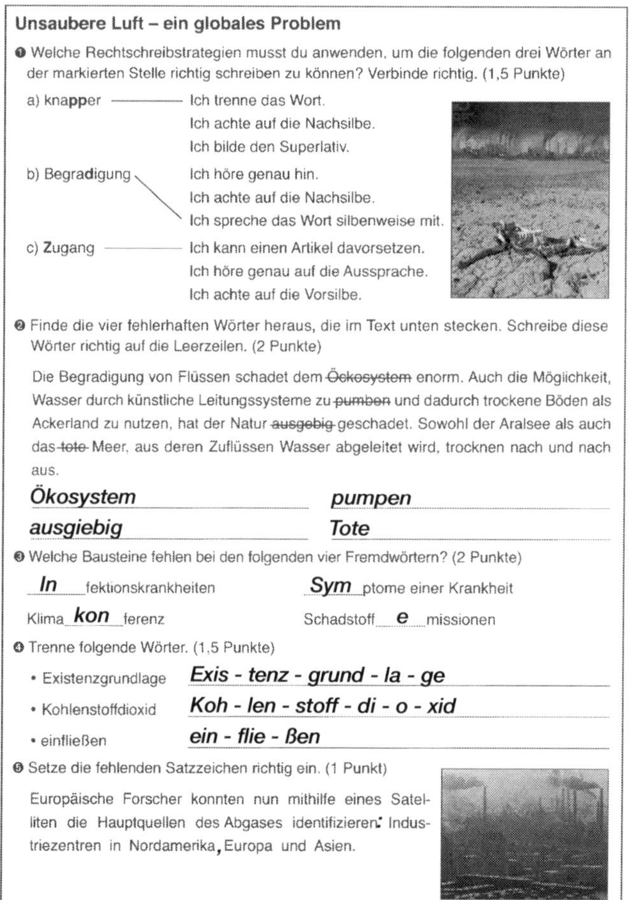

Unsaubere Luft – ein globales Problem

❶ Welche Rechtschreibstrategien musst du anwenden, um die folgenden drei Wörter an der markierten Stelle richtig schreiben zu können? Verbinde richtig. (1,5 Punkte)

a) kna**pp**er — Ich trenne das Wort.
Ich achte auf die Nachsilbe.
Ich bilde den Superlativ.

b) Begra**d**igung — Ich höre genau hin.
Ich achte auf die Nachsilbe.
Ich spreche das Wort silbenweise mit.

c) **Z**ugang — Ich kann einen Artikel davorsetzen.
Ich höre genau auf die Aussprache.
Ich achte auf die Vorsilbe.

❷ Finde die vier fehlerhaften Wörter heraus, die im Text unten stecken. Schreibe diese Wörter richtig auf die Leerzeilen. (2 Punkte)

Die Begradigung von Flüssen schadet dem ~~Oekosystem~~ enorm. Auch die Möglichkeit, Wasser durch künstliche Leitungssysteme zu ~~pumben~~ und dadurch trockene Böden als Ackerland zu nutzen, hat der Natur ~~ausgebig~~ geschadet. Sowohl der Aralsee als auch das ~~tote~~ Meer, aus deren Zuflüssen Wasser abgeleitet wird, trocknen nach und nach aus.

Ökosystem — *pumpen*
ausgiebig — *Tote*

❸ Welche Bausteine fehlen bei den folgenden vier Fremdwörtern? (2 Punkte)

In fektionskrankheiten — *Sym* ptome einer Krankheit
Klima *kon* ferenz — Schadstoff *e* missionen

❹ Trenne folgende Wörter. (1,5 Punkte)

- Existenzgrundlage *Exis - tenz - grund - la - ge*
- Kohlenstoffdioxid *Koh - len - stoff - di - o - xid*
- einfließen *ein - flie - ßen*

❺ Setze die fehlenden Satzzeichen richtig ein. (1 Punkt)

Europäische Forscher konnten nun mithilfe eines Satelliten die Hauptquellen des Abgases identifizieren: Industriezentren in Nordamerika, Europa und Asien.

DRS Name: ______________________ Datum: ______________

Unsaubere Luft – ein globales Problem

❶ Welche Rechtschreibstrategien musst du anwenden, um die folgenden drei Wörter an der markierten Stelle richtig schreiben zu können? Verbinde richtig. (1,5 Punkte)

a) kna**pp**er
- Ich trenne das Wort.
- Ich achte auf die Nachsilbe.
- Ich bilde den Superlativ.

b) Begra**d**igung
- Ich höre genau hin.
- Ich achte auf die Nachsilbe.
- Ich spreche das Wort silbenweise mit.

c) **Z**ugang
- Ich kann einen Artikel davorsetzen.
- Ich höre genau auf die Aussprache.
- Ich achte auf die Vorsilbe.

❷ Finde die vier fehlerhaften Wörter heraus, die im Text unten stecken. Schreibe diese Wörter richtig auf die Leerzeilen. (2 Punkte)

Die Begradigung von Flüssen schadet dem Öckosystem enorm. Auch die Möglichkeit, Wasser durch künstliche Leitungssysteme zu pumben und dadurch trockene Böden als Ackerland zu nutzen, hat der Natur ausgebig geschadet. Sowohl der Aralsee als auch das tote Meer, aus deren Zuflüssen Wasser abgeleitet wird, trocknen nach und nach aus.

______________________ ______________________

______________________ ______________________

❸ Welche Bausteine fehlen bei den folgenden vier Fremdwörtern? (2 Punkte)

_______fektionskrankheiten _______ptome einer Krankheit

Klima_______ferenz Schadstoff______missionen

❹ Trenne folgende Wörter. (1,5 Punkte)

- Existenzgrundlage ______________________
- Kohlenstoffdioxid ______________________
- einfließen ______________________

❺ Setze die fehlenden Satzzeichen richtig ein. (1 Punkt)

Europäische Forscher konnten nun mithilfe eines Satelliten die Hauptquellen des Abgases identifizieren Industriezentren in Nordamerika Europa und Asien.

DRS	Name: ______________________________	Datum: ______________	

Die Germanen – ungebildete Barbaren?

Auch heute weiß man noch sehr wenig von den Germanen. / Zahlreiche Stämme und Sippen sind uns immer noch ein Rätsel. / Zur Zeit der Hochkulturen der Griechen und Römer / wusste man im Mittelmeerraum nur wenig / von den Völkern in Mittel- und Nordeuropa. / Lange Zeit wurden sie unter dem Begriff „Barbaren“ zusammengefasst. / Damit meinte man Menschen, / die keine griechisch-römische Bildung genossen hatten. / Erst um 80 vor Christus verwendete der griechische Geschichtsschreiber / Poseidonios den Begriff „Germanen“. (77 Wörter)

Recht und Gesetz bei den Germanen

Die Germanen besaßen kein schriftlich fixiertes Recht, / sondern ein Gewohnheitsrecht, / dessen Grundlage die Blutfehde war. / Sie schützte die sozial schwächer Gestellten / gegen die Mächtigen. / Gebräuchlich war auch die Ächtung. / Das bedeutete, jeder durfte den Geächteten ungestraft töten. / Die Sippe trennte sich von dem Verbrecher, / womit jeglicher sozialer Halt / und der gesamte Besitz verloren ging. / Es gab aber kaum Verbrechen, / denn zu wichtig waren Familie, Sippe und Stamm. / Die Todesstrafe wurde nur bei schweren Verbrechen / wie etwa Feigheit vor dem Feind, / Verrat oder Brandstiftung verhängt. (90 Wörter)

Arbeitsaufgaben:

❶ Schreibe den diktierten Text ohne Fehler ab. Suche Wörter mit „tot“ und „Tod“.

____

____

____

____

____

❷ Setze den Text „Recht und Gesetz bei den Germanen“ in die Gegenwart.

❸ Finde zwölf Wörter, die zum Wortfeld „wissen“ gehören.

____

____

____

____

____

____

Die Germanen – ungebildete Barbaren?

❶ Welche Rechtschreibstrategien musst du anwenden, um die folgenden drei Wörter an der markierten Stelle richtig schreiben zu können? Kreuze richtig an. (1,5 Punkte)

a) Wal**h**all
- ☒ Ich trenne das Wort.
- ☐ Ich achte auf die Nachsilbe.
- ☐ Ich kann das Wort ableiten.

b) Loyal**ität**
- ☒ Ich beachte die Nachsilbe.
- ☐ Ich muss mir das Wort merken.
- ☐ Ich suche ein verwandtes Wort.

c) Stammesfe**h**den
- ☒ Ich muss mir das Wort merken.
- ☐ Ich suche ähnliche Wörter.
- ☐ Ich trenne das Wort.

❷ Finde die vier fehlerhaften Wörter heraus, die im Text unten enthalten sind. Schreibe die Wörter richtig auf die Leerzeilen. (2 Punkte)

Die Siedlungs- und Gesellschaftsstruktur der verschiedenen Germanenstämme war im ~~wesentlichen~~ gleich. Die Familie bildete den Kern der germanischen Gesellschaft. Ihr gegenüber ~~wahren~~ alle Mitglieder zu voller Loyalität verpflichtet. Das Oberhaupt hatte die Aufgabe, die gesamte Familie zu schützen. Dies ~~umfaßte~~ auch die Unfreien, die Knechte und Mägde waren. Einer Sippe gehörten alle ~~Blutsverwanten~~ an. Zusammen siedelte man in einer Dorfgemeinschaft und kämpfte im Krieg als geschlossener Verband.

Wesentlichen | *waren*

umfasste | *Blutsverwandten*

❸ Finde zu den drei Substantiven jeweils das passende Adjektiv. (1,5 Punkte)

Sieg *siegreich*

Streitigkeit *streitbar, strittig, zerstritten*

Aufstand *aufständisch*

❹ Suche jeweils das Gegenwort. (1 Punkt)

gelingen *misslingen, erfolglos sein*

mächtig *bedeutungslos, schwach*

❺ In den folgenden Sätzen fehlen vier Satzzeichen. Setze sie richtig ein. (2 Punkte)

Dem Cherusker Arminius war es gelungen, zerstrittene Stämme, die immer wieder untereinander Streitigkeiten austrugen, unter seiner Führung zu einen; deshalb konnte er die Römer 9 nach Christus besiegen.

Hubert Albus: 56 neue Kurzdiktate • 7./8. Klasse • Best.-Nr. 431

DRS	Name: ______________________	Datum: __________	

Die Germanen – ungebildete Barbaren?

❶ Welche Rechtschreibstrategien musst du anwenden, um die folgenden drei Wörter an der markierten Stelle richtig schreiben zu können? Kreuze richtig an. (1,5 Punkte)

a) Wal**h**all
- ☐ Ich trenne das Wort.
- ☐ Ich achte auf die Nachsilbe.
- ☐ Ich kann das Wort ableiten.

b) **L**oyalität
- ☐ Ich beachte die Nachsilbe.
- ☐ Ich muss mir das Wort merken.
- ☐ Ich suche ein verwandtes Wort.

c) Stammesfe**h**den
- ☐ Ich muss mir das Wort merken.
- ☐ Ich suche ähnliche Wörter.
- ☐ Ich trenne das Wort.

❷ Finde die vier fehlerhaften Wörter heraus, die im Text unten enthalten sind. Schreibe die Wörter richtig auf die Leerzeilen. (2 Punkte)

Die Siedlungs- und Gesellschaftsstruktur der verschiedenen Germanenstämme war im wesentlichen gleich. Die Familie bildete den Kern der germanischen Gesellschaft. Ihr gegenüber wahren alle Mitglieder zu voller Loyalität verpflichtet. Das Oberhaupt hatte die Aufgabe, die gesamte Familie zu schützen. Dies umfaßte auch die Unfreien, die Knechte und Mägde waren. Einer Sippe gehörten alle Blutsverwanten an. Zusammen siedelte man in einer Dorfgemeinschaft und kämpfte im Krieg als geschlossener Verband.

______________________ ______________________

______________________ ______________________

❸ Finde zu den drei Substantiven jeweils das passende Adjektiv. (1,5 Punkte)

Sieg ______________________

Streitigkeit ______________________

Aufstand ______________________

❹ Suche jeweils das Gegenwort. (1 Punkt)

gelingen ______________________

mächtig ______________________

❺ In den folgenden Sätzen fehlen vier Satzzeichen. Setze sie richtig ein. (2 Punkte)

Dem Cherusker Arminius war es gelungen zerstrittene Stämme die immer wieder untereinander Streitigkeiten austrugen unter seiner Führung zu einen deshalb konnte er die Römer 9 nach Christus besiegen.

DRS	Name: ______________________	Datum: ______________	

Pompeji – eine verschüttete Stadt

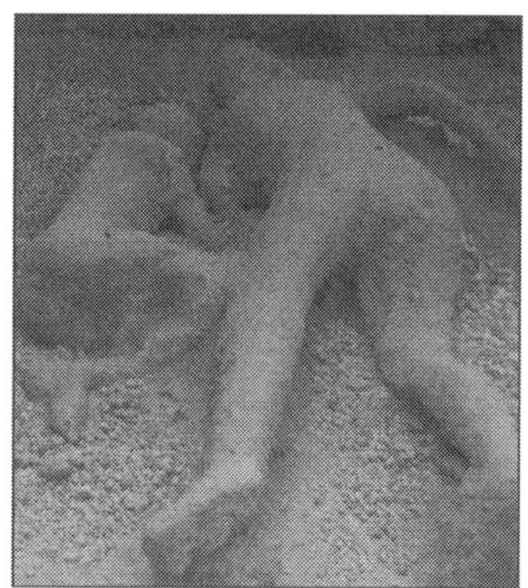

Am 24. August 79 erstickte / eine der größten Katastrophen der Menschheitsgeschichte / die Städte Pompeji und Herculaneum / am Golf von Neapel / unter einem gigantischen Regen / aus Lava, Steinen und Asche. / Rund zehn Milliarden Tonnen Gesteinsmasse / stieß der über Jahrhunderte so trügerisch / ruhige Vulkan Vesuv in den Himmel. / Mindestens 1500 Bewohner starben. / Unter den meterdicken Gesteinsschichten / konnte man Zeugnisse der römischen Hochkultur freilegen: / luxuriös ausgestattete Häuser, / kunstvoll gestaltete Gerätschaften, / prächtige Tempel, Bordelle und Bäder. (75 Wörter)

Der Vesuv

Der Vesuv ist einer der gefährlichsten ______________ der Welt. / Für ihn sind lange Ruhephasen typisch, / um dann in einer gewaltigen ________________ zu explodieren. / Umso erstaunlicher ist es, / dass der Vulkan bis an seine Flanke __________ besiedelt ist. / Dort liegt _____________ mit rund drei Millionen Menschen. / Im Falle eines erneuten, großen Ausbruches / wie der _____ nach Christus / wäre die ___________________ perfekt. / Selbst mit ausgeklügelten ___________________________________ / dürfte es unmöglich sein, / so viele Menschen rechtzeitig zu _________________. (76 Wörter)

> Eruption – Frühwarnsystemen – Vulkane – evakuieren – Neapel – dicht – Katastrophe – 79

Arbeitsaufgaben:

❶ Schreibe den diktierten Text fehlerlos ab und unterstreiche die für dich schwierigen Begriffe.

❷ Setze im zweiten Text die Lückenwörter richtig ein.

❸ Beschreibe das Bild unten mit einem einzigen Satz.

Pompeji – eine verschüttete Stadt

❶ Welche Rechtschreibstrategien musst du anwenden, um die folgenden zwei Wörter an der markierten Stelle richtig schreiben zu können? Schreibe richtig auf. (1 Punkt)

a) Eruption — *Nachsilbe „-ion" ⇨ Großschreibung; Artikel kann vor das Wort gesetzt werden*

b) Gesteinsschicht — *Ich trenne das Wort, dann höre ich das Fugen-s ganz deutlich.*

❷ Finde die vier fehlerhaften Wörter heraus, die im Text unten enthalten sind. Schreibe die Wörter richtig auf die Leerzeilen. (2 Punkte)

~~Wärend~~ das dem Vesus näher gelegene Herculaneum sogleich unter einer dicken Schicht von Schlamm und Wasserfluten begraben wurde, starben in Pompeji die ~~meißten~~ Menschen an den tödlichen Phosphordämpfen. Viele Bewohner hatten sich in ihre Häuser geflüchtet, doch vergebens verbargen sie ihre Gesichter in ~~Mäntel~~ und Kleidern. Wer sich im ~~freien~~ aufhielt, wurde sogleich von der Menge der umherfliegenden Gesteinsbrocken erschlagen.

Während	*meisten*
Mänteln	*Freien*

❸ Finde zu den vier Adjektiven jeweils das passende Nomen. (2 Punkte)

eckig	*Ecke*	wachsam	*Wachsamkeit*
prächtig	*Pracht*	flüssig	*Flüssigkeit*

❹ Setze die fehlenden Satzzeichen im Satz unten richtig ein. (1 Punkt)

Unter den unzähligen Opfern befand sich auch der Naturwissenschaftler Plinius der Ältere**,** der sich bei Ausbruch des Vesuvs zu Forschungszwecken zu nahe an die Stadt Stabiae wagte**,** wo auch er an den giftigen Phosphordämpfen erstickte.

❺ Nur in einer der drei Zeilen unten sind alle Wörter richtig geschrieben. Kreuze an. (1 Punkt)

- ☐ Katastrophe - zähflüssige Lawa - Forschungzwecke - Rußteilchen
- ☐ Katastrophe - zähflüssige Lawa - Forschungzwecke - Russteilchen
- ☒ Katastrophe - zähflüssige Lava - Forschungszwecke - Rußteilchen

❻ Zu welchem Verb gibt es kein Nomen? (1 Punkt)

beschreiben – ausbrechen – bewirken

bewirken

Hubert Albus: 56 neue Kurzdiktate • 7./8. Klasse • Best.-Nr. 431

DRS | Name: ______________________ | Datum: ______________

Pompeji – eine verschüttete Stadt

❶ Welche Rechtschreibstrategien musst du anwenden, um die folgenden zwei Wörter an der markierten Stelle richtig schreiben zu können? Schreibe richtig auf. (1 Punkt)

a) **E**ruption ______________________

____

b) Gestein**s**schicht ______________________

____

❷ Finde die vier fehlerhaften Wörter heraus, die im Text unten enthalten sind. Schreibe die Wörter richtig auf die Leerzeilen. (2 Punkte)

Wärend das dem Vesus näher gelegene Herculaneum sogleich unter einer dicken Schicht von Schlamm und Wasserfluten begraben wurde, starben in Pompeji die meißten Menschen an den tödlichen Phosphordämpfen. Viele Bewohner hatten sich in ihre Häuser geflüchtet, doch vergebens verbargen sie ihre Gesichter in Mäntel und Kleidern. Wer sich im freien aufhielt, wurde sogleich von der Menge der umherfliegenden Gesteinsbrocken erschlagen.

______________________ ______________________

______________________ ______________________

❸ Finde zu den vier Adjektiven jeweils das passende Nomen. (2 Punkte)

eckig ______________________ wachsam ______________________

prächtig ______________________ flüssig ______________________

❹ Setze die fehlenden Satzzeichen im Satz unten richtig ein. (1 Punkt)

Unter den unzähligen Opfern befand sich auch der Naturwissenschaftler Plinius der Ältere der sich bei Ausbruch des Vesuvs zu Forschungszwecken zu nahe an die Stadt Stabiae wagte wo auch er an den giftigen Phosphordämpfen erstickte.

❺ Nur in einer der drei Zeilen unten sind alle Wörter richtig geschrieben. Kreuze an. (1 Punkt)

- ☐ Katastrophe - zähflüssige Lawa - Forschungzwecke - Rußteilchen
- ☐ Katastrophe - zähflüssige Lawa - Forschungzwecke - Russteilchen
- ☐ Katastrophe - zähflüssige Lava - Forschungszwecke - Rußteilchen

❻ Zu welchem Verb gibt es kein Nomen? (1 Punkt)

beschreiben – ausbrechen – bewirken

____

DRS	Name:	Datum:	

Der „Hexenhammer“ – ein Buch mit schlimmen Folgen

1478 lässt Heinrich Kramer innerhalb weniger Jahre / zahlreiche Hexen zum Tode verurteilen. / Er verfasst 1484 ein Anklage-Papier, / das er Papst Innozenz VIII. unterschreiben lässt. / Trotzdem hat Kramer in Tirol keinen Erfolg. / Dieses Scheitern veranlasst ihn zur Abfassung / seines berühmten Buches „Hexenhammer“, / in dem er sehr genau die Verbrechen der Hexen beschreibt / und Regeln für Prozesse gegen sie aufstellt. / Schon bald nach seiner Veröffentlichung im Jahre 1487 / findet das Buch großen Anklang in ganz Europa. (81 Wörter)

Die Hetzjagd beginnt

Der „Hexenhammer“ trifft auf fruchtbaren Boden. / Ende des 15. Jahrhunderts verschlechtern sich / die Lebensbedingungen der Bevölkerung dramatisch. / Lange und harte Winter sind verantwortlich / für drastische Ernteeinbußen, / Epidemien breiten sich aus / und raffen große Teile der Bevölkerung dahin. / Vor allem Hexen werden für die Übel verantwortlich gemacht. / Schätzungen zufolge sterben in den ersten dreißig Jahren / nach Veröffentlichung des „Hexenhammers“ / mehrere Tausend Menschen in ganz Europa auf dem Scheiterhaufen. / Um 1520 ebbt die erste Welle der Verfolgungen ab. (79 Wörter)

Arbeitsaufgaben:

❶ Schreibe den diktierten Text ohne Fehler ab. Suche im Internet unter dem Stichwort „Hexenprozesse“ Strafen, zu denen angebliche Hexen verurteilt wurden.

____

____

____

____

____

____

❷ Setze den Text „Die Hetzjagd beginnt“ in die 1. Vergangenheit. Suche die drei Fremdwörter heraus und schreibe sie auf.

____

Der „Hexenhammer“ – ein Buch mit schlimmen Folgen

❶ Finde die vier fehlerhaften Wörter heraus, die im Text unten stecken. Schreibe die Wörter richtig auf die Leerzeilen. (2 Punkte)

Doch die ~~Schohnzeit~~ für angebliche Hexen hält nicht lange an. Mitte des 16. Jahrhunderts verschlechtern sich die ~~Lebenbedingungen~~ erneut. Eine neue Kältewelle bricht über Europa herein. Lebensmittel werden so teuer, dass große ~~teile~~ der Bevölkerung Hunger leiden müssen. Durch Predigten von Hexengegnern angestachelt, beginnen die Hexenjagden quer durch alle Konfessionen erneut. In vielen Ländern Europas erleben die Prozesse in den Jahren zwischen 1570 und 1590 ihren ~~höhepunkt~~.

Schonzeit — *Lebensbedingungen*

Teile — *Höhepunkt*

❷ Welche Rechtschreibstrategien musst du anwenden, um die folgenden drei Wörter an der markierten Stelle richtig schreiben zu können? Kreuze richtig an. (1,5 Punkte)

a) Bevölkerung
- ☐ Ich zerlege das Wort in Silben.
- ☐ Ich achte auf die Nachsilbe.
- ☒ Ich kann das Wort ableiten.

b) Wasserprobe
- ☐ Ich trenne das Wort.
- ☐ Ich achte auf das Signalwort.
- ☒ Ich suche ein ähnliches Wort.

c) Teufelspakt
- ☐ Ich trenne das Wort.
- ☐ Ich bilde die Mehrzahl.
- ☒ Ich muss mir das Wort merken.

❸ Setze jeweils das passende Fremdwort ein. (1,5 Punkte)

a) Auf der Waage wurde das Gewicht der Verdächtigen geprüft, denn ein *Indiz* (Hinweis) für Hexen war ihr niedriges Gewicht.

b) Während allen *Phasen* (zeitlichen Abschnitten) des Hexenwahns wurde das Verfolgen unschuldiger Menschen teilweise heftig kritisiert.

c) Der Begriff „Hexe“ wurde, so vermuten einige *Experten* (Fachleute), erst während des Konzils von Basel erfunden.

❹ Setze den Satz unten in die direkte Rede. (1 Punkt)

Die Leute schimpfen, die Lebensmittel seien so teuer, dass sie hungern müssen.

Die Leute schimpfen: ÝDie Lebensmittel sind so teuer, dass wir hungern müssen.“

❺ Kreuze an, welcher Satz richtig geschrieben ist. (1 Punkt)

- ☒ Die Gerichte gingen ziemlich brutal mit den vermeintlichen Hexen um.
- ☐ Die Gerichte gingen ziehmlich brutal mit den vermeindlichen Hexen um.
- ☐ Die Gerichte gingen ziemlich brutal mit den vermeindlichen Hexen um.

DRS Name: ______________________ Datum: ______________

Der „Hexenhammer“ – ein Buch mit schlimmen Folgen

❶ Finde die vier fehlerhaften Wörter heraus, die im Text unten stecken. Schreibe die Wörter richtig auf die Leerzeilen. (2 Punkte)

Doch die Schohnzeit für angebliche Hexen hält nicht lange an. Mitte des 16. Jahrhunderts verschlechtern sich die Lebenbedingungen erneut. Eine neue Kältewelle bricht über Europa herein. Lebensmittel werden so teuer, dass große teile der Bevölkerung Hunger leiden müssen. Durch Predigten von Hexengegnern angestachelt, beginnen die Hexenjagden quer durch alle Konfessionen erneut. In vielen Ländern Europas erleben die Prozesse in den Jahren zwischen 1570 und 1590 ihren höhepunkt.

______________________ ______________________

______________________ ______________________

❷ Welche Rechtschreibstrategien musst du anwenden, um die folgenden drei Wörter an der markierten Stelle richtig schreiben zu können? Kreuze richtig an. (1,5 Punkte)

a) Be**v**ölkerung
- ☐ Ich zerlege das Wort in Silben.
- ☐ Ich achte auf die Nachsilbe.
- ☐ Ich kann das Wort ableiten.

b) Wasser**p**robe
- ☐ Ich trenne das Wort.
- ☐ Ich achte auf das Signalwort.
- ☐ Ich suche ein ähnliches Wort.

c) Teufelspa**kt**
- ☐ Ich trenne das Wort.
- ☐ Ich bilde die Mehrzahl.
- ☐ Ich muss mir das Wort merken.

❸ Setze jeweils das passende Fremdwort ein. (1,5 Punkte)

a) Auf der Waage wurde das Gewicht der Verdächtigen geprüft, denn ein __________ (Hinweis) für Hexen war ihr niedriges Gewicht.

b) Während allen __________ (zeitlichen Abschnitten) des Hexenwahns wurde das Verfolgen unschuldiger Menschen teilweise heftig kritisiert.

c) Der Begriff „Hexe“ wurde, so vermuten einige __________ (Fachleute), erst während des Konzils von Basel erfunden.

❹ Setze den Satz unten in die direkte Rede. (1 Punkt)

Die Leute schimpfen, die Lebensmittel seien so teuer, dass sie hungern müssen.

____

____

❺ Kreuze an, welcher Satz richtig geschrieben ist. (1 Punkt)

- ☐ Die Gerichte gingen ziemlich brutal mit den vermeintlichen Hexen um.
- ☐ Die Gerichte gingen ziehmlich brutal mit den vermeindlichen Hexen um.
- ☐ Die Gerichte gingen ziemlich brutal mit den vermeindlichen Hexen um.

DRS	Name:	Datum:	

Der Darm – oft unterschätzt

Er ist das größte Organ des Menschen, / wird bis zu acht Meter lang / und misst nur wenige Zentimeter im Durchmesser. / Millionen faltiger Zotten im Inneren der vielfach gewundenen Röhre / ergeben eine Oberfläche von 400 bis 500 Quadratmetern. / Damit hat der Darm die größte Kontaktfläche des Körpers mit der Umwelt. / Im Laufe eines 75-jährigen Lebens reisen / etwa 30 Tonnen Nahrung und 50 000 Liter Flüssigkeit durch den Darm, / mit ihnen zahllose Krankheitserreger und Giftstoffe. (76 Wörter)

Der Darm als Abwehrspezialist

In der Schleimhaut des Di____darms sitzen / mehr als siebzig Prozent der Abwehrzellen des I__________systems. / Sie haben die Aufgabe, / Krankheits_____eger und Giftstoffe unschädlich zu machen, / die _____wiegend mit der Nahrung in unseren Körper gelangen. / Unterstü_____ wird die Immunabw_____ / von einem Milliardenheer nützlicher Bakterien und Pilze. / Mehr als 500 Arten bilden zusammen die Darmfl_____a. / Ist sie in_____t, / können sich schädliche Mi_____organismen nicht _____erhaft im Darm einnisten. (68 Wörter)

Arbeitsaufgaben:

❶ Schreibe den diktierten Text fehlerlos ab und unterstreiche die für dich schwierigen Begriffe.

❷ Setze im zweiten Text die fehlenden Buchstabengruppen richtig ein.

❸ Beschreibe das Bild unten mit einem einzigen Satz.

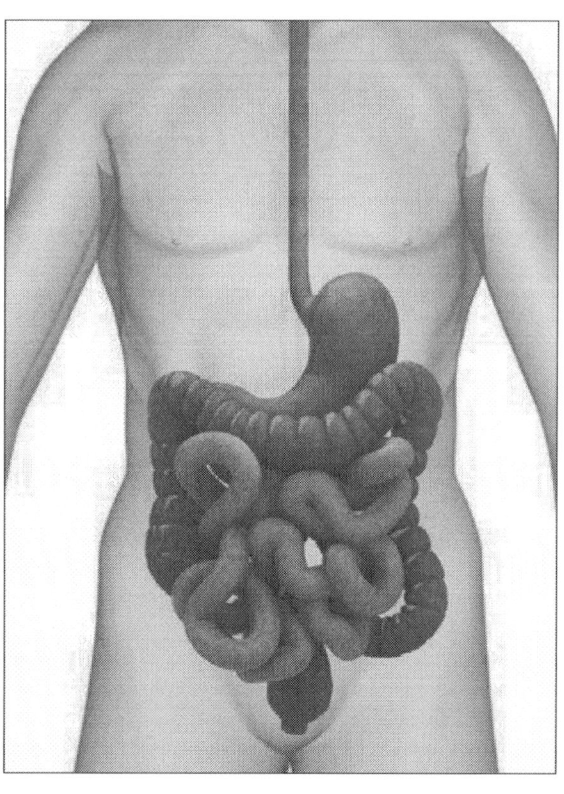

Der Darm – oft unterschätzt

❶ Welche Rechtschreibstrategien musst du anwenden, um die folgenden drei Wörter an der markierten Stelle richtig schreiben zu können? Kreuze richtig an. (1,5 Punkte)

a) Zo**tt**en
- ☒ Ich trenne das Wort.
- ☐ Ich achte auf die Nachsilbe.
- ☐ Ich bilde die Einzahl.

b) **ch**ronisch
- ☒ Ich muss mir das Wort merken.
- ☐ Ich achte auf den Wortstamm.
- ☐ Ich spreche das Wort silbenweise mit.

c) en**t**zündlich
- ☐ Ich suche ähnliche Wörter.
- ☒ Ich kann das Wort ableiten.
- ☐ Ich achte auf die Nachsilbe.

❷ Finde die sechs fehlerhaften Wörter heraus, die im Text unten stecken. Schreibe diese Wörter richtig auf die Leerzeilen. (3 Punkte)

Mithilfe einer Computertomografie werden Schichtbilder des Patienten erstellt. Daraus wird eine ~~dreidimenschionale~~ Darstellung des Dickdarms errechnet. Das Verfahren stößt ~~zur Zeit~~ noch an seine Grenzen, wenn sehr kleine ~~Tumuren~~ sichtbar gemacht werden sollen. Wird ~~verdächtiges endeckt~~, muss zur Abklärung zusätzlich eine ~~konwentionelle~~ Darmspiegelung durchgeführt werden, bei der der Arzt auch behandelnd eingreifen kann.

dreidimensionale	*zurzeit*
Tumoren	*Verdächtiges*
entdeckt	*konventionelle*

❸ Welche Anfangsbausteine haben folgende Fremdwörter? Dabei kann es mehrere Lösungen geben. (1,5 Punkte) *(Kon/Prä)* *(Im/De)*

In fektionskrankheiten — *Dif* ferenz — *E* missionen

❹ Bilde aus beiden Sätzen ein Satzgefüge. (1 Punkt)

Falsche Essgewohnheiten schaden dem Darm. Es kann zu Verstopfung, Blähungen oder Durchfall kommen.

Weil falsche Essgewohnheiten dem Darm schaden, kann es zu Verstopfung, Blähungen oder Durchfall kommen.

❺ Setze die zwei fehlenden Satzzeichen richtig ein. (1 Punkt)

Das Darmhirn kontrolliert den Transport des Darminhalts, entscheidet selbstständig, ob er länger im Darm verweilen oder beschleunigt ausgeschieden werden muss.

DRS	Name:	Datum:	

Der Darm – oft unterschätzt

❶ Welche Rechtschreibstrategien musst du anwenden, um die folgenden drei Wörter an der markierten Stelle richtig schreiben zu können? Kreuze richtig an. (1,5 Punkte)

a) Zo**tt**en
- ☐ Ich trenne das Wort.
- ☐ Ich achte auf die Nachsilbe.
- ☐ Ich bilde die Einzahl.

b) **ch**ronisch
- ☐ Ich muss mir das Wort merken.
- ☐ Ich achte auf den Wortstamm.
- ☐ Ich spreche das Wort silbenweise mit.

c) en**t**zündlich
- ☐ Ich suche ähnliche Wörter.
- ☐ Ich kann das Wort ableiten.
- ☐ Ich achte auf die Nachsilbe.

❷ Finde die sechs fehlerhaften Wörter heraus, die im Text unten stecken. Schreibe diese Wörter richtig auf die Leerzeilen. (3 Punkte)

Mithilfe einer Computertomografie werden Schichtbilder des Patienten erstellt. Daraus wird eine dreidimenschionale Darstellung des Dickdarms errechnet. Das Verfahren stößt zur Zeit noch an seine Grenzen, wenn sehr kleine Tumuren sichtbar gemacht werden sollen. Wird verdächtiges endeckt, muss zur Abklärung zusätzlich eine konwentionelle Darmspiegelung durchgeführt werden, bei der der Arzt auch behandelnd eingreifen kann.

______________________ ______________________

______________________ ______________________

______________________ ______________________

❸ Welche Anfangsbausteine haben folgende Fremdwörter? Dabei kann es mehrere Lösungen geben. (1,5 Punkte)

_______fektionskrankheiten _______ferenz _______missionen

❹ Bilde aus beiden Sätzen ein Satzgefüge. (1 Punkt)

Falsche Essgewohnheiten schaden dem Darm. Es kann zu Verstopfung, Blähungen oder Durchfall kommen.

____

____

____

❺ Setze die zwei fehlenden Satzzeichen richtig ein. (1 Punkt)

Das Darmhirn kontrolliert den Transport des Darminhalts entscheidet selbstständig ob er länger im Darm verweilen oder beschleunigt ausgeschieden werden muss.

DRS	Name:	Datum:

Der Himalaja – das gewaltigste Gebirge der Erde

Der Name kommt aus dem Sanskrit / und heißt „Heimat des Schnees". / Von Ost nach West erstreckt sich das Hochgebirge des Himalaja / in einem leichten Halbkreis über 2500 Kilometer. / Es grenzt dabei an fünf Staaten: / Pakistan, Indien, China, Nepal und Bhutan. / Zählt man die Gipfel aus Kaschmir hinzu, / liegen im Himalaja alle 14 Achttausender der Erde, / darunter der höchste Berg der Welt – / der Mount Everest mit 8848 Metern – / sowie Hunderte Gipfel mit über 7000 Metern Höhe. (82 Wörter)

Die Entstehung des Himalaja

Vor 40 bis 50 Millionen Jahren kollidierten / die Kontinentalplatten von Asien und Indien, / wodurch in der heutigen Himalaja-Region erste Berge entstanden. / Doch erst vor zwei Millionen Jahren begann sich / das Gebirge zu seiner jetzigen Höhe aufzutürmen, / als die indische Platte immer weiter / unter den asiatischen Kontinentalrand gedrückt wurde. / Die unglaubliche Kraft, / mit der die Kontinentalplatten noch immer aufeinandergeschoben werden, / sorgt bis heute dafür, / dass der Himalaja weiter wächst – / bis zu zwei Zentimeter im Jahr. (78 Wörter)

Arbeitsaufgaben:

❶ Schreibe den diktierten Text fehlerlos ab und unterstreiche die für dich schwierigen Begriffe.

❷ Setze den zweiten Text in die Gegenwart. Schreibe ihn anschließend ab.

❸ Beschreibe, wo der Himalaja liegt.

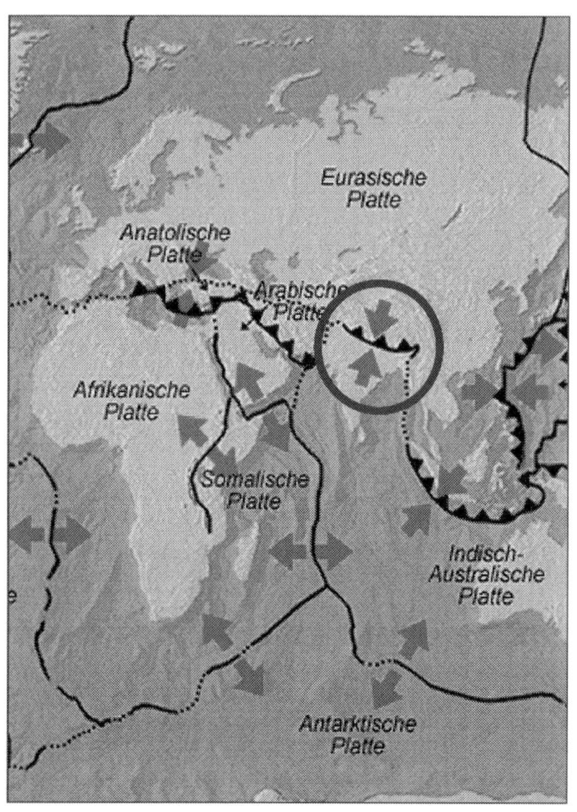

Der Himalaja – das gewaltigste Gebirge der Erde

❶ Welche Rechtschreibstrategien musst du anwenden, um die folgenden zwei Wörter an der markierten Stelle richtig schreiben zu können? Schreibe richtig auf. (1 Punkt)

a) am deu**t**lichsten — *Ich trenne das Wort, dann kann ich das „t" hören.*

b) **h**induistisch — *Bei der Nachsilbe „-isch" schreibe ich das Wort klein (Adjektiv).*

❷ Finde die vier fehlerhaften Wörter heraus, die im Text unten enthalten sind. Schreibe die Wörter richtig auf die Leerzeilen. (2 Punkte)

Touristen, die den Himalaja besuchen, erfahren bei den Bewohnern der ~~Legion~~ häufig deren ganz besondere Spiritualität und enge Verbundenheit mit den Bergen. Die Hindus ~~beispielweise~~, die im Norden und Süden der ~~Gigantischen~~ Bergkuppen leben, sehen im Himalaja die Heimat der Götter. Sie glauben, dass dort die großen Gottheiten von Tibet und Indien wohnen und sich ~~gegensaitig~~ beeinflussen.

Region — *beispielsweise*
gigantischen — *gegenseitig*

❸ Finde zu den vier markierten Fremdwörtern die deutsche Übersetzung. (2 Punkte)

a) **Massive** Ausbeutung der Bewohner — *sehr stark, übermäßig*

b) Götter **residieren** auf den Bergspitzen. — *thronen, wohnen*

c) Der Himalaja, ein Ort **legendärer** Urkraft — *sagenhaft, unglaublich*

d) Das Gebirge **existiert** auch heute noch. — *bestehen, vorhanden sein*

❹ Kreuze an, welcher Satz richtig geschrieben ist. (1 Punkt)

☐ Bei den Buddisten gilt die 108-Fache Umrundung des Berges Kailash als Weg zur unmittelbaren Erleuchtung.

☒ Bei den Buddhisten gilt die 108-fache Umrundung des Berges Kailash als Weg zur unmittelbaren Erleuchtung.

☐ Bei den Buddisten gilt die 108-fache Umrundung des Berges Kailash als Weg zur unmittelbaren Erleuchtung.

❺ Suche die Gegenwörter. (2 Punkte)

a) einfach — *schwierig, kompliziert*

b) verstärken — *schwächen, mindern*

c) mächtig — *schwach, unbedeutend*

d) Berg — *Tal*

DRS Name: ______________________ Datum: ______________

Der Himalaja – das gewaltigste Gebirge der Erde

❶ Welche Rechtschreibstrategien musst du anwenden, um die folgenden zwei Wörter an der markierten Stelle richtig schreiben zu können? Schreibe richtig auf. (1 Punkt)

a) am deu**t**lichsten ______________________________

____

b) **h**induistisch ______________________________

____

❷ Finde die vier fehlerhaften Wörter heraus, die im Text unten enthalten sind. Schreibe die Wörter richtig auf die Leerzeilen. (2 Punkte)

Touristen, die den Himalaja besuchen, erfahren bei den Bewohnern der Legion häufig deren ganz besondere Spiritualität und enge Verbundenheit mit den Bergen. Die Hindus beispielweise, die im Norden und Süden der Gigantischen Bergkuppen leben, sehen im Himalaja die Heimat der Götter. Sie glauben, dass dort die großen Gottheiten von Tibet und Indien wohnen und sich gegensaitig beeinflussen.

______________________ ______________________

______________________ ______________________

❸ Finde zu den vier markierten Fremdwörtern die deutsche Übersetzung. (2 Punkte)

a) **Massive** Ausbeutung der Bewohner ______________________

b) Götter **residieren** auf den Bergspitzen. ______________________

c) Der Himalaja, ein Ort **legendärer** Urkraft ______________________

d) Das Gebirge **existiert** auch heute noch. ______________________

❹ Kreuze an, welcher Satz richtig geschrieben ist. (1 Punkt)

☐ Bei den Buddisten gilt die 108-Fache Umrundung des Berges Kailash als Weg zur unmittelbaren Erleuchtung.

☐ Bei den Buddhisten gilt die 108-fache Umrundung des Berges Kailash als Weg zur unmittelbaren Erleuchtung.

☐ Bei den Buddisten gilt die 108-fache Umrundung des Berges Kailash als Weg zur unmittelbaren Erleuchtung.

❺ Suche die Gegenwörter. (2 Punkte)

a) einfach ______________________

b) verstärken ______________________

c) mächtig ______________________

d) Berg ______________________

Name: ______________________ Datum: ____________

Nikotin – ein Zellgift

Der Hauptwirkstoff der Tabakpflanze ist das Nikotin, / eine ölige, farblose Flüssigkeit von scharfem Geschmack. / Bereits sieben Sekunden, / nachdem der Rauch die Lungen gefüllt hat, / erreichen die ersten Nikotinmoleküle das Gehirn, / wo sie an sogenannten Rezeptoren andocken. / Das sind Reizstellen, / die bei Bedarf lebenswichtige Hormone ausschütten. / Im Fall des Zellgiftes Nikotin bewirken sie / ein angenehmes Glücksgefühl. / Der Raucher versucht, diesen Zustand immer wieder zu erreichen. / Die Gefahr einer raschen Abhängigkeit ist dabei enorm groß. (76 Wörter)

Nikotin macht süchtig

Mehr als fünfzehn Millionen Deutsche rauchen, / davon ist jeder Fünfte stark abhängig. / Mit jeder gerauchten Zigarette, / beeinflusst durch die Anzahl der Züge / und die Inhalationstiefe, / baut der Nikotinabhängige seinen Nikotinspiegel auf / und hält ihn über den Tag hinweg. / Die Ausschüttung von Glückshormonen / nimmt dabei kontinuierlich ab, / was Abhängige unbewusst / durch einen steigenden Konsum auszugleichen versuchen. / Das führt zur Gewöhnung des Körpers / an ein hohes Nikotin-Niveau und einer Abstumpfung /gegen die berauschende Wirkung des Stoffes. / Ein Teufelskreis. (79 Wörter)

Arbeitsaufgaben:

❶ Schreibe den diktierten Text fehlerlos ab und unterstreiche die für dich schwierigen Begriffe.

❷ Schreibe den zweiten Text ab und kläre folgende Fremdwörter.

Inhalation ____________________

kontinuierlich ____________________

Konsum ____________________

Niveau ____________________

❸ Suche im Internet Informationen zu folgenden Stichpunkten: Raucherbein, Lungenkrebs, Kehlkopfkrebs, Lungenemphysem, chronische Bronchitis, Teerlunge.

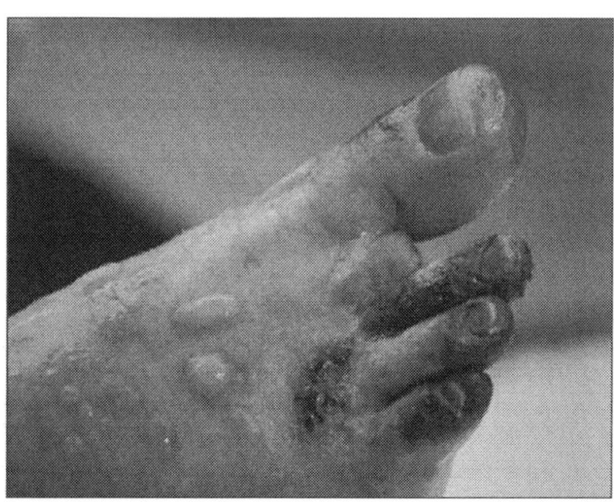

Nikotin – ein Zellgift

❶ Welche Rechtschreibstrategien musst du anwenden, um die folgenden drei Wörter an der markierten Stelle richtig schreiben zu können? Kreuze richtig an. (1,5 Punkte)

a) verglimmen
- [x] Ich trenne das Wort.
- [ ] Ich achte auf die Vorsilbe.
- [ ] Ich kann das Wort ableiten.

b) Risiko
- [ ] Ich beachte die Nachsilbe.
- [x] Ich muss mir das Wort merken.
- [ ] Ich trenne das Wort.

c) wesentlich
- [ ] Ich muss mir das Wort merken.
- [ ] Ich suche ähnliche Wörter.
- [x] Ich spreche das Wort silbenweise mit.

❷ Finde die vier fehlerhaften Wörter heraus, die im Text unten enthalten sind. Schreibe die Wörter richtig auf die Leerzeilen. (2 Punkte)

Die Anzahl der pro Tag gerauchten Zigaretten spielt dabei über die Jahre ~~hinweggesehen~~ eine weniger wichtige Rolle. ~~Endscheidend~~ ist eher die Gesamtdauer. Im Vergleich zu Nichtrauchern verlieren Raucher bis zu 25 Jahre ihrer ~~Lebenerwartung~~. Wer aufhört zu rauchen, kann diese Entwicklung zumindest teilweise rückgängig machen. Je früher dies geschieht, desto stärker gleicht sich das Risiko nach mehreren Jahren oder Jahrzehnten wieder an das ~~Niweau~~ eines Nichtrauchers an.

hinweg gesehen | *Entscheidend*

Lebenserwartung | *Niveau*

❸ Ordne den Fremdwörtern die richtige deutsche Bedeutung zu. Verbinde. (1,5 Punkte)

eminent	auffallend
signifikant	gefährlich
riskant	äußerst

❹ Setze den Satz unten in die indirekte Rede. (1 Punkt)

Ärzte warnen: „Ein Kleinkind kann sterben, wenn es nur eine Zigarette zerkaut."

Ärzte warnen, ein Kleinkind könne sterben, wenn es nur eine Zigarette zerkaue.

❺ In den folgenden Sätzen fehlen vier Zeichen. Setze sie richtig ein. (2 Punkte)

Es ist heute zweifelsfrei erwiesen**,** dass Rauchen auch bei der Entstehung von Kehlkopf**-,** Magen**-** und Speiseröhrenkrebs eine wesentliche Rolle spielt.

DRS	Name: ______________________	Datum: ____________	

Nikotin – ein Zellgift

❶ Welche Rechtschreibstrategien musst du anwenden, um die folgenden drei Wörter an der markierten Stelle richtig schreiben zu können? Kreuze richtig an. (1,5 Punkte)

a) vergli**mm**en
- ☐ Ich trenne das Wort.
- ☐ Ich achte auf die Vorsilbe.
- ☐ Ich kann das Wort ableiten.

b) R**i**siko
- ☐ Ich beachte die Nachsilbe.
- ☐ Ich muss mir das Wort merken.
- ☐ Ich trenne das Wort.

c) wesen**t**lich
- ☐ Ich muss mir das Wort merken.
- ☐ Ich suche ähnliche Wörter.
- ☐ Ich spreche das Wort silbenweise mit.

❷ Finde die vier fehlerhaften Wörter heraus, die im Text unten enthalten sind. Schreibe die Wörter richtig auf die Leerzeilen. (2 Punkte)

Die Anzahl der pro Tag gerauchten Zigaretten spielt dabei über die Jahre hinweggesehen eine weniger wichtige Rolle. Endscheidend ist eher die Gesamtdauer. Im Vergleich zu Nichtrauchern verlieren Raucher bis zu 25 Jahre ihrer Lebenerwartung. Wer aufhört zu rauchen, kann diese Entwicklung zumindest teilweise rückgängig machen. Je früher dies geschieht, desto stärker gleicht sich das Risiko nach mehreren Jahren oder Jahrzehnten wieder an das Niveau eines Nichtrauchers an.

______________________ ______________________

______________________ ______________________

❸ Ordne den Fremdwörtern die richtige deutsche Bedeutung zu. Verbinde. (1,5 Punkte)

eminent	auffallend
signifikant	gefährlich
riskant	äußerst

❹ Setze den Satz unten in die indirekte Rede. (1 Punkt)

Ärzte warnen: „Ein Kleinkind kann sterben, wenn es nur eine Zigarette zerkaut.“

____

____

❺ In den folgenden Sätzen fehlen vier Zeichen. Setze sie richtig ein. (2 Punkte)

Es ist heute zweifelsfrei erwiesen dass Rauchen auch bei der Entstehung von Kehlkopf Magen und Speiseröhrenkrebs eine wesentliche Rolle spielt.

DRS	Name:	Datum:

Zecken – gefährliche Blutsauger

Man findet Zecken überall, / wo feuchtwarmes Klima herrscht. / In Deutschland ist vor allem der gemeine Holzbock verbreitet. / Er lebt vorwiegend in bodennaher Vegetation. / Steigt die Temperatur über acht Grad Celsius, / krabbeln die Zecken auf hohe Grashalme, / Farne oder Gebüsch bis in Höhen von eineinhalb Metern. / Dort lauern die Parasiten oft / monatelang auf ein Opfer, / das die augenlosen Tiere / mithilfe ihres Geruchssinns erkennen. / Zecken können beim Saugen / auch gefährliche Viren und Bakterien übertragen. (76 Wörter)

Die Borreliose

Die häufigste von Zecken übertragene / Infektionskrankheit ist die Borreliose. / Sie wird durch spiralförmige Bakterien, / sogenannte Borrelien, hervorgerufen. / Die Symptome sind nicht deutlich zuordenbar / und ähneln denen einer Grippe, / weshalb die Borreliose häufig erst zu spät erkannt wird. / Bei manchen Erkrankten tritt eine kreisförmige, / sich von der Einstichstelle ausbreitende Hautrötung auf, / die normalerweise nach einiger Zeit wieder verschwindet. / Doch auch noch Jahre danach / können die Borrelien aktiv bleiben / und schwere Entzündungen mit Gelenkschmerzen auslösen. (75 Wörter)

Arbeitsaufgaben:

❶ Schreibe den diktierten Text fehlerlos ab, unterstreiche alle Fremdwörter und kläre sie.
❷ Schreibe den zweiten Text ab und erkläre die drei unterstrichenen Fremdwörter.
❸ Informiere dich im Internet über die Krankheit FSME und ihre Folgen.
❹ Beschreibe beide Bilder unten.

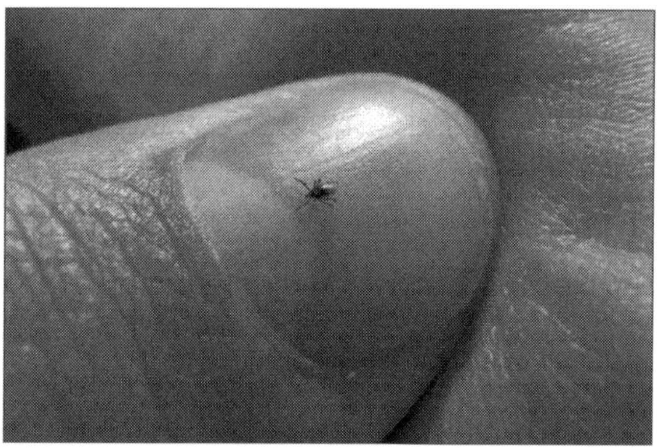

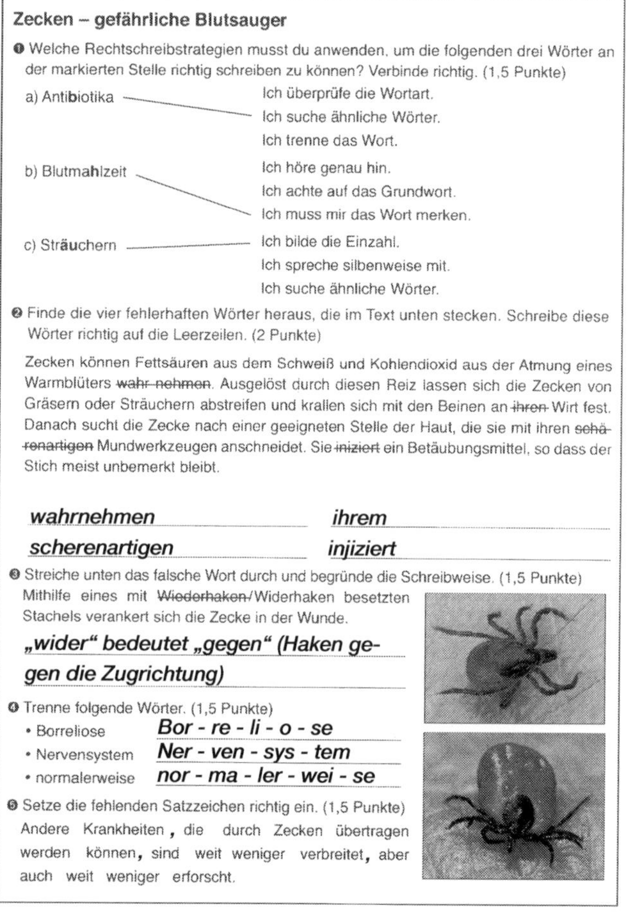

Zecken – gefährliche Blutsauger

❶ Welche Rechtschreibstrategien musst du anwenden, um die folgenden drei Wörter an der markierten Stelle richtig schreiben zu können? Verbinde richtig. (1,5 Punkte)

a) Anti**b**iotika — Ich überprüfe die Wortart. / Ich suche ähnliche Wörter. / Ich trenne das Wort.

b) Blutma**h**lzeit — Ich höre genau hin. / Ich achte auf das Grundwort. / Ich muss mir das Wort merken.

c) Str**äu**chern — Ich bilde die Einzahl. / Ich spreche silbenweise mit. / Ich suche ähnliche Wörter.

❷ Finde die vier fehlerhaften Wörter heraus, die im Text unten stecken. Schreibe diese Wörter richtig auf die Leerzeilen. (2 Punkte)

Zecken können Fettsäuren aus dem Schweiß und Kohlendioxid aus der Atmung eines Warmblüters ~~wahr nehmen~~. Ausgelöst durch diesen Reiz lassen sich die Zecken von Gräsern oder Sträuchern abstreifen und krallen sich mit den Beinen an ~~ihren~~ Wirt fest. Danach sucht die Zecke nach einer geeigneten Stelle der Haut, die sie mit ihren ~~schärenartigen~~ Mundwerkzeugen anschneidet. Sie ~~iniziert~~ ein Betäubungsmittel, so dass der Stich meist unbemerkt bleibt.

wahrnehmen *ihrem*
scherenartigen *injiziert*

❸ Streiche unten das falsche Wort durch und begründe die Schreibweise. (1,5 Punkte)
Mithilfe eines mit ~~Wiederhaken~~/Widerhaken besetzten Stachels verankert sich die Zecke in der Wunde.
„wider" bedeutet „gegen" (Haken gegen die Zugrichtung)

❹ Trenne folgende Wörter. (1,5 Punkte)
- Borreliose *Bor - re - li - o - se*
- Nervensystem *Ner - ven - sys - tem*
- normalerweise *nor - ma - ler - wei - se*

❺ Setze die fehlenden Satzzeichen richtig ein. (1,5 Punkte)
Andere Krankheiten **,** die durch Zecken übertragen werden können**,** sind weit weniger verbreitet**,** aber auch weit weniger erforscht.

Hubert Albus: 56 neue Kurzdiktate • 7./8. Klasse • Best.-Nr. 431

DRS Name: ______________________ Datum: ______________

Zecken – gefährliche Blutsauger

❶ Welche Rechtschreibstrategien musst du anwenden, um die folgenden drei Wörter an der markierten Stelle richtig schreiben zu können? Verbinde richtig. (1,5 Punkte)

a) Anti**b**iotika	Ich überprüfe die Wortart. Ich suche ähnliche Wörter. Ich trenne das Wort.
b) Blutma**h**lzeit	Ich höre genau hin. Ich achte auf das Grundwort. Ich muss mir das Wort merken.
c) Str**äu**chern	Ich bilde die Einzahl. Ich spreche silbenweise mit. Ich suche ähnliche Wörter.

❷ Finde die vier fehlerhaften Wörter heraus, die im Text unten stecken. Schreibe diese Wörter richtig auf die Leerzeilen. (2 Punkte)

Zecken können Fettsäuren aus dem Schweiß und Kohlendioxid aus der Atmung eines Warmblüters wahr nehmen. Ausgelöst durch diesen Reiz lassen sich die Zecken von Gräsern oder Sträuchern abstreifen und krallen sich mit den Beinen an ihren Wirt fest. Danach sucht die Zecke nach einer geeigneten Stelle der Haut, die sie mit ihren schärenartigen Mundwerkzeugen anschneidet. Sie iniziert ein Betäubungsmittel, so dass der Stich meist unbemerkt bleibt.

______________________ ______________________

______________________ ______________________

❸ Streiche unten das falsche Wort durch und begründe die Schreibweise. (1,5 Punkte)

Mithilfe eines mit Wiederhaken/Widerhaken besetzten Stachels verankert sich die Zecke in der Wunde.

____

____

❹ Trenne folgende Wörter. (1,5 Punkte)

- Borreliose ______________________
- Nervensystem ______________________
- normalerweise ______________________

❺ Setze die fehlenden Satzzeichen richtig ein. (1,5 Punkte)

Andere Krankheiten die durch Zecken übertragen werden können sind weit weniger verbreitet aber auch weit weniger erforscht.

DRS Name: ______________________ Datum: ______________

Diabetes – eine Volkskrankheit

Mit ungefähr sieben Millionen Patienten in Deutschland / ist Diabetes mellitus zu einer Volkskrankheit geworden. / Da sich die Zuckerkrankheit langsam anschleicht / und die Symptome zunächst nicht bemerkt / oder ignoriert werden, / gibt es eine große Dunkelziffer. / Experten schätzen, dass es in Deutschland / drei Millionen nicht behandelte Diabetiker gibt. / Bei der Diabetes erhalten die Zellen zu wenig Nährstoffe, / und die im Blut erhöhte Glukose richtet auf die Dauer / große Schäden an Gefäßen und Nerven an. (75 Wörter)

Unbehandelte Diabetes schädigt den Körper

Der hohe Blutzuckerspiegel bei Diabetikern schädigt auf Dauer / die arteriellen Gefäße und Nerven des Körpers. / Erkrankungen aller Organe sind die Folge. / Durch die Zuckerkrankheit werden die bakteriellen Ablagerungen / an den Gefäßwänden gefördert / und so eine „Arterienverkalkung" beschleunigt. / Die Gefäßöffnungen werden immer weiter verengt. / Es drohen Herzinfarkt, Schlaganfall, / Nierenversagen und Erblindung. / Doch durch eine konsequente Kontrolle des Blutzuckerspiegels / können Folgeschäden weitgehend vermieden / und die Lebensqualität der Betroffenen / erheblich verbessert werden. (74 Wörter)

Arbeitsaufgaben:

❶ Schreibe den diktierten Text fehlerlos ab und unterstreiche alle Verben.

❷ Schreibe den zweiten Text ab und unterstreiche die Fremdwörter.

❸ Informiere dich über die Typ-I-Diabetes und ihre Folgen.

❹ Beschreibe beide Bilder unten.

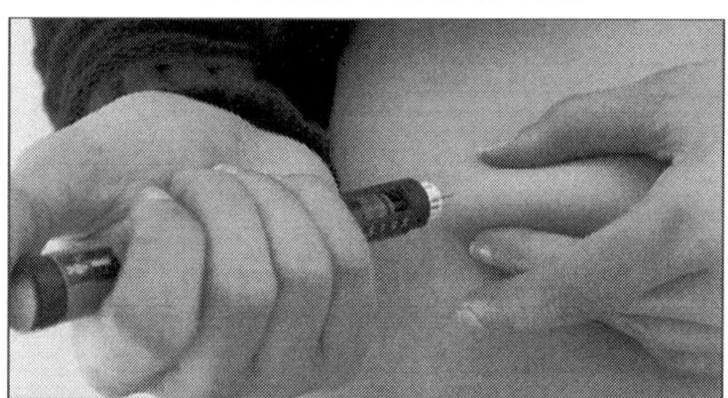

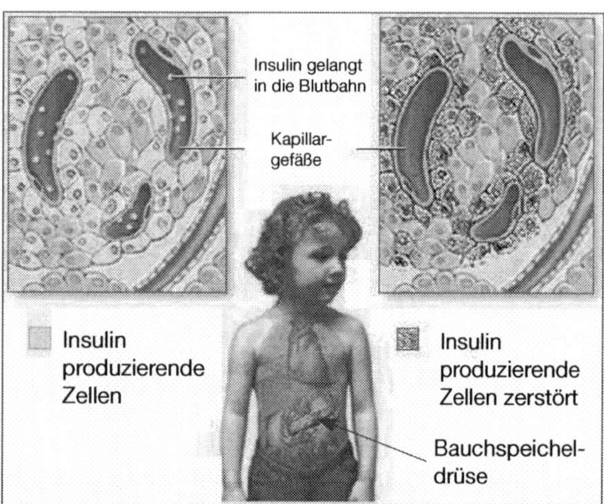

Diabetes – eine Volkskrankheit

❶ Welche Rechtschreibstrategien musst du anwenden, um die folgenden zwei Wörter an der markierten Stelle richtig schreiben zu können? Schreibe richtig auf. (1 Punkt)

a) Herzinfarkt — *Ich muss genau hinhören, um das „r" zu hören.*

b) zum Spritzen — *Ich achte auf das Signalwort „zum" ➪ Großschreibung.*

❷ Finde die vier fehlerhaften Wörter heraus, die im Text unten enthalten sind. Schreibe die Wörter richtig auf die Leerzeilen. (2 Punkte)

Die Typ-I-Diabetes kann schon im Kindes- und Jugendalter beginnen. Sie beruht auf einem ~~mangel~~ an Insulin. Die Bauchspeicheldrüse produziert entweder kein oder zu wenig Insulin. Das liegt daran, ~~das~~ der Körper Abwehrstoffe gegen die Zellen bildet, die das Insulin produzieren. Sie werden angegriffen und zerstört. ~~In Folge dessen~~ steigt der Blutzuckerspiegel an und der Körper muss als Energiequelle sein Fettgewebe ~~aufzerren~~.

Mangel — *dass*

Infolgedessen — *aufzehren*

❸ Stelle den Text unten richtig. Jeder Fehler gibt einen halben Punkt Abzug. (1,5 Punkte)

Grundisteineabwehrreaktiondesorganismusgegendeneigenenkörper.außerdemliegtin derregeleinegenetischeveranlagungvor.

Grund ist eine Abwehrreaktion des Organismus gegen den eigenen Körper. Außerdem liegt in der Regel eine genetische Veranlagung vor.

❹ Welcher der drei Sätze ist richtig geschrieben? Kreuze an. (1 Punkt)

☐ Durch regelmässige Blut oder Harnzuckermessungen kann der genaue Insulinbedarf ermittelt werden.

☐ Durch regelmässige Blut- oder Harnzuckermessungen kann der genaue Insulinbedarf ermittelt werden.

☒ Durch regelmäßige Blut- oder Harnzuckermessungen kann der genaue Insulinbedarf ermittelt werden.

❺ Setze in die Wörter die passenden s-Laute ein. (1,5 Punkte)

Unterzuckerungszustände äu*ß*ern sich in Hungergefühl, Schwitzen, Blä*ss*e, Kopfschmerzen, Zittern, Herzklopfen oder Unruhe. Der Patient mu*ss* Insulin zuführen.

❻ Im folgenden Satz fehlen zwei Satzzeichen. Setze sie richtig ein. (1 Punkt)

Das bedeutet, dass körpereigene Abwehrstoffe nicht nur eingedrungene Bakterien oder Viren unschädlich machen, sondern auch die eigenen Zellen angreifen und zerstören.

DRS | Name: ______________________ | Datum: ______________

Diabetes – eine Volkskrankheit

❶ Welche Rechtschreibstrategien musst du anwenden, um die folgenden zwei Wörter an der markierten Stelle richtig schreiben zu können? Schreibe richtig auf. (1 Punkt)

a) Herzinfa**rk**t ______________________

____

b) zum **S**pritzen ______________________

____

❷ Finde die vier fehlerhaften Wörter heraus, die im Text unten enthalten sind. Schreibe die Wörter richtig auf die Leerzeilen. (2 Punkte)

Die Typ-I-Diabetes kann schon im Kindes- und Jugendalter beginnen. Sie beruht auf einem mangel an Insulin. Die Bauchspeicheldrüse produziert entweder kein oder zu wenig Insulin. Das liegt daran, das der Körper Abwehrstoffe gegen die Zellen bildet, die das Insulin produzieren. Sie werden angegriffen und zerstört. In Folge dessen steigt der Blutzuckerspiegel an und der Körper muss als Energiequelle sein Fettgewebe aufzerren.

______________________ ______________________

______________________ ______________________

❸ Stelle den Text unten richtig. Jeder Fehler gibt einen halben Punkt Abzug. (1,5 Punkte)

Grundisteineabwehrreaktiondesorganismusgegendeneigenenkörper.außerdemliegtin derregeleinegenetischeveranlagungvor.

____

____

____

❹ Welcher der drei Sätze ist richtig geschrieben? Kreuze an. (1 Punkt)

☐ Durch regelmässige Blut oder Harnzuckermessungen kann der genaue Insulinbedarf ermittelt werden.

☐ Durch regelmässige Blut- oder Harnzuckermessungen kann der genaue Insulinbedarf ermittelt werden.

☐ Durch regelmäßige Blut- oder Harnzuckermessungen kann der genaue Insulinbedarf ermittelt werden.

❺ Setze in die Wörter die passenden s-Laute ein. (1,5 Punkte)

Unterzuckerungszustände äu____ern sich in Hungergefühl, Schwitzen, Blä____e, Kopfschmerzen, Zittern, Herzklopfen oder Unruhe. Der Patient mu____ Insulin zuführen.

❻ Im folgenden Satz fehlen zwei Satzzeichen. Setze sie richtig ein. (1 Punkt)

Das bedeutet dass körpereigene Abwehrstoffe nicht nur eingedrungene Bakterien oder Viren unschädlich machen sondern auch die eigenen Zellen angreifen und zerstören.

DRS	Name:	Datum:	

Die Grippe – keineswegs harmlos

Die Grippe oder wissenschaftlich Influenza / ist eine Infektionskrankheit, / an deren Folgen in Deutschland viele Menschen sterben. / Denn während sich der Körper mit der Zeit / gegen viele Krankheiten immunisieren kann, / ist er gegen die immer wiederkehrenden Grippewellen oft machtlos. / Der Grund liegt darin, / dass das Influenzavirus äußerst wandlungsfähig ist. / Die Weltgesundheitsorganisation geht weltweit / von drei bis fünf Millionen ernsten Influenzafällen pro Jahr aus, / in deren Folge bis zu 500 000 Menschen sterben. (74 Wörter)

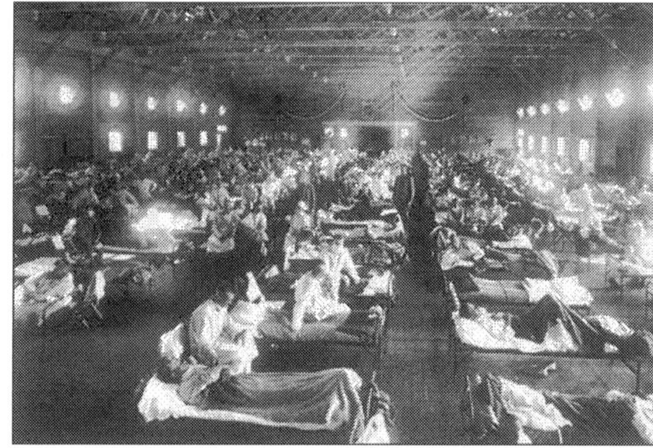

Grippe-Pandemien

Im Zwanzigsten Jahrhundert hat sich / das Influenza-A-Virus dreimal massiv verändert. / Die Folge waren stets Pandemien, / die mehrere Millionen Menschen töteten, / darunter auch die „Spanische Grippe“ von 1918/19. / Das jüngste Auftreten eines neuen Subtyps / gab es 1997, 2003 und 2005 in Asien, / die sogenannte „Vogelgrippe“. / 2006 drang der Erreger aber bis nach Deutschland vor. / 2009 brach die von Experten schon länger erwartete / weltweite Pandemie aus, / die sogenannte „Schweinegrippe“, / die in Mexiko ihren Ursprung nahm / und innerhalb weniger Wochen sechzig Todesopfer forderte. (80 Wörter)

Arbeitsaufgaben:

❶ Schreibe den diktierten Text fehlerlos ab und unterstreiche alle zusammengesetzten Nomen.

❷ Schreibe den zweiten Text ab, unterstreiche alle Fremdwörter und schreibe sie anschließend auswendig auf.

❸ Informiere dich über die „Spanische Grippe“ 1918/19 und ihre Folgen.

❹ Was will das Bild unten aussagen?

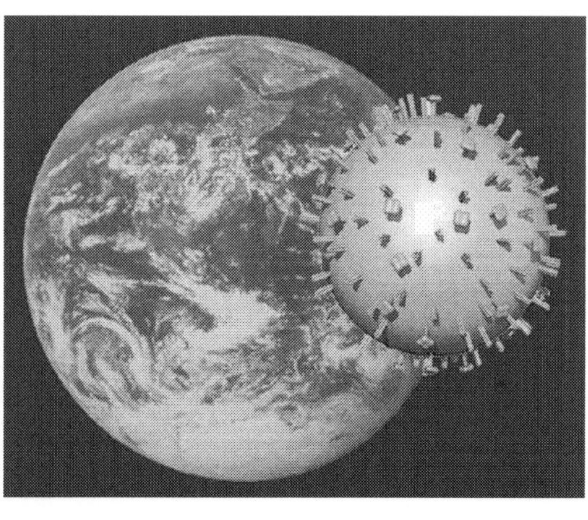

Die Grippe – keineswegs harmlos

❶ Welche Rechtschreibstrategien musst du anwenden, um die folgenden drei Wörter an der markierten Stelle richtig schreiben zu können? Kreuze richtig an. (1,5 Punkte)

a) bakteriell	☐	Ich trenne das Wort.
	☒	Ich achte auf die Nachsilbe.
	☐	Ich steigere das Wort.
b) Virus	☒	Ich muss mir das Wort merken.
	☐	Ich achte auf den Wortstamm.
	☐	Ich spreche das Wort silbenweise mit.
c) morgens	☐	Ich suche Wörter aus der Wortfamilie.
	☒	Ich achte auf das „s“ am Wortende.
	☐	Ich verlängere das Wort.

❷ Finde die vier fehlerhaften Wörter heraus, die im Text unten stecken. Schreibe diese Wörter richtig auf die Leerzeilen. (2 Punkte)

Grippe kann nicht ~~uhrsächlich~~ behandelt werden. Wen die Viren erwischt haben, sollte in ~~jeden~~ Fall frühzeitig zum Arzt gehen, körperliche Belastungen vermeiden und strenge ~~Betttruhe~~ einhalten. Zusätzlich können Nasentropfen, ~~Schleimlösende~~ oder fiebersenkende Medikamente eingenommen werden.

ursächlich *jedem*

Bettruhe *schleimlösende (Schleim l.)*

❸ Welche Anfangsbausteine haben folgende Fremdwörter? Dabei kann es mehrere Lösungen geben. (2 Punkte) *(Ap)* *(Pan)* *(Dia)*

Kom plikationen *Prä* parate *Epi* demien *Pro* gnose

❹ Bilde aus beiden Sätzen ein Satzgefüge. (1 Punkt)

Die Grippe kann bei manchen Menschen bis zum Tode führen. Bei anderen zeigen sich kaum Symptome.

Während die Grippe bei manchen Menschen zum Tode führen kann, zeigen sich bei anderen kaum Symptome.

❺ Setze die drei fehlenden Satzzeichen richtig ein. (1,5 Punkte)

Präparate, die die Ausbreitung der Erreger auf der Schleimhaut der Atemwege hemmen, gibt es als Pulver, Kapsel oder Saft.

DRS Name: ______________________ Datum: ______________

Die Grippe – keineswegs harmlos

❶ Welche Rechtschreibstrategien musst du anwenden, um die folgenden drei Wörter an der markierten Stelle richtig schreiben zu können? Kreuze richtig an. (1,5 Punkte)

a) **b**akteriell
- ☐ Ich trenne das Wort.
- ☐ Ich achte auf die Nachsilbe.
- ☐ Ich steigere das Wort.

b) **V**irus
- ☐ Ich muss mir das Wort merken.
- ☐ Ich achte auf den Wortstamm.
- ☐ Ich spreche das Wort silbenweise mit.

c) **m**orgens
- ☐ Ich suche Wörter aus der Wortfamilie.
- ☐ Ich achte auf das „s" am Wortende.
- ☐ Ich verlängere das Wort.

❷ Finde die vier fehlerhaften Wörter heraus, die im Text unten stecken. Schreibe diese Wörter richtig auf die Leerzeilen. (2 Punkte)

Grippe kann nicht uhrsächlich behandelt werden. Wen die Viren erwischt haben, sollte in jeden Fall frühzeitig zum Arzt gehen, körperliche Belastungen vermeiden und strenge Betttruhe einhalten. Zusätzlich können Nasentropfen, Schleimlösende oder fiebersenkende Medikamente eingenommen werden.

______________________ ______________________

______________________ ______________________

❸ Welche Anfangsbausteine haben folgende Fremdwörter? Dabei kann es mehrere Lösungen geben. (2 Punkte)

_______plikationen _______parate _______demien _______gnose

❹ Bilde aus beiden Sätzen ein Satzgefüge. (1 Punkt)

Die Grippe kann bei manchen Menschen bis zum Tode führen. Bei anderen zeigen sich kaum Symptome.

____

____

____

❺ Setze die drei fehlenden Satzzeichen richtig ein. (1,5 Punkte)

Präparate die die Ausbreitung der Erreger auf der Schleimhaut der Atemwege hemmen gibt es als Pulver Kapsel oder Saft.

DRS	Name:	Datum:

Bäume – ein wichtiger Wirtschaftsfaktor

Das Holz von Bäumen ist weltweit / ein wichtiger nachwachsender Energielieferant. / Außerdem dient es als Bau- und Rohstoff / für alle möglichen Materialien wie zum Beispiel Zellulose und Viskose. / Weitere Baumprodukte sind Früchte, Samen und Harze. / Obst und Nüsse werden geerntet und verspeist. / Aus Ästen und Blättern werden Harze, / Gerb-, Bitter- und Farbstoffe gewonnen. / Viele Länder treiben allerdings Raubbau mit ihren Wäldern. / Die Folge ist eine jährliche Verringerung des Waldbestandes / um mehr als zehn Millionen Hektar. (78 Wörter)

Stadtbäume – unsere Sauerstofflieferanten

Bäume erfüllen in unseren Städten wichtige Funktionen. / Ein einzelner Baum produziert pro Stunde bis zu 1200 Liter Sauerstoff. / Oder anders gerechnet: / Während seiner Wachstumsperiode im Sommer / produziert er die Atemluft für zehn Menschen. / Aber das ist noch längst nicht alles: / Innerhalb einer Stunde verarbeitet ein Straßenbaum / rund 2,4 Kilogramm Kohlendioxid. / Außerdem bindet er mehr als 100 Kilogramm Staub im Jahr. / Bis zu 400 Liter Wasser verdunstet er an einem sonnigen Tag, / erhöht dadurch die Luftfeuchtigkeit / und kühlt seine Umgebung um einige Grad ab. (86 Wörter)

Arbeitsaufgaben:

❶ Schreibe den diktierten Text fehlerlos ab und unterstreiche alle Wörter, die dir schwierig vorkommen.

❷ Lasse dir den zweiten Text diktieren. Verbessere deine Fehler, indem du sie dreimal richtig auf deinen Block schreibst.

❸ Informiere dich über die Fotosynthese und deren Bedeutung für Pflanzen, Tiere und Mensch.

❹ Beschreibe das Bild unten.

Bäume – ein wichtiger Wirtschaftsfaktor

❶ Welche Rechtschreibstrategien musst du anwenden, um die folgenden drei Wörter an der markierten Stelle richtig schreiben zu können? Kreuze richtig an. (1,5 Punkte)

a) durch **B**etreten
- ☐ Ich trenne das Wort.
- ☐ Ich suche ähnliche Wörter.
- ☒ Ich achte auf das Signalwort.

b) **T**rockenheit
- ☐ Ich muss mir das Wort merken.
- ☐ Ich achte auf den Wortstamm.
- ☒ Ich beachte die Nachsilbe.

c) schnellwü**chs**ig
- ☐ Ich steigere das Wort.
- ☒ Ich kann das Wort ableiten.
- ☐ Ich achte auf die Nachsilbe.

❷ Finde die vier fehlerhaften Wörter heraus, die im Text unten stecken. Schreibe diese Wörter richtig auf die Leerzeilen. (2 Punkte)

Bei der Bekämpfung des Treibhauseffekts spielt der Wald also eine ~~endscheidende~~ Rolle – und das gleich in dreifacher Hinsicht: Erstens entzieht er der ~~Athmosphäre~~ Kohlendioxid. Diese Speicherung verlängert sich ~~Zweitens~~, wenn Holz etwa für Neubauten, Modernisierungen, Anbauten oder Möbel verwendet und der enthaltene Kohlenstoff so ~~fest gesetzt~~ wird.

entscheidende — *Atmosphäre*

zweitens — *festgesetzt*

❸ Welche Bausteine fehlen bei den folgenden Fremdwörtern? (1 Punkt)

Klima ***kata*** strophe Foto ***syn*** these

❹ Finde für die folgenden zwei Fremdwörter die deutsche Bedeutung heraus. (1 Punkt)

- Recycling *Abfallrückführung in den Produktionsprozess*
- Monokultur *Bodenbewirtschaftung mit nur einer Pflanzenart*

❺ Bilde aus beiden Sätzen eine Satzverbindung. (1 Punkt)

Es wird nie mehr Holz geerntet als nachwächst. Die Ressource Holz erschöpft sich nicht.

Es wird nie mehr Holz geernt als nachwächst, (und) deshalb erschöpft sich die Ressource Holz nicht.

❻ Setze die drei fehlenden Satzzeichen richtig ein. (1,5 Punkte)

Als Baum wird eine holzige Pflanze verstanden, die aus einer Wurzel, einem daraus emporsteigenden, hochgewachsenen Stamm und einer belaubten Krone besteht.

DRS Name: ______________________ Datum: ____________

Bäume – ein wichtiger Wirtschaftsfaktor

❶ Welche Rechtschreibstrategien musst du anwenden, um die folgenden drei Wörter an der markierten Stelle richtig schreiben zu können? Kreuze richtig an. (1,5 Punkte)

a) durch **B**etreten
- ☐ Ich trenne das Wort.
- ☐ Ich suche ähnliche Wörter.
- ☐ Ich achte auf das Signalwort.

b) **T**rockenheit
- ☐ Ich muss mir das Wort merken.
- ☐ Ich achte auf den Wortstamm.
- ☐ Ich beachte die Nachsilbe.

c) schnellwü**chs**ig
- ☐ Ich steigere das Wort.
- ☐ Ich kann das Wort ableiten.
- ☐ Ich achte auf die Nachsilbe.

❷ Finde die vier fehlerhaften Wörter heraus, die im Text unten stecken. Schreibe diese Wörter richtig auf die Leerzeilen. (2 Punkte)

Bei der Bekämpfung des Treibhauseffekts spielt der Wald also eine endscheidende Rolle – und das gleich in dreifacher Hinsicht: Erstens entzieht er der Athmosphäre Kohlendioxid. Diese Speicherung verlängert sich Zweitens, wenn Holz etwa für Neubauten, Modernisierungen, Anbauten oder Möbel verwendet und der enthaltene Kohlenstoff so fest gesetzt wird.

______________________ ______________________

______________________ ______________________

❸ Welche Bausteine fehlen bei den folgenden Fremdwörtern? (1 Punkt)

Klima_______strophe Foto______these

❹ Finde für die folgenden zwei Fremdwörter die deutsche Bedeutung heraus. (1 Punkt)

- Recycling ______________________
- Monokultur ______________________

❺ Bilde aus beiden Sätzen eine Satzverbindung. (1 Punkt)

Es wird nie mehr Holz geerntet als nachwächst. Die Ressource Holz erschöpft sich nicht.

____

____

❻ Setze die drei fehlenden Satzzeichen richtig ein. (1,5 Punkte)

Als Baum wird eine holzige Pflanze verstanden die aus einer Wurzel einem daraus emporsteigenden hochgewachsenen Stamm und einer belaubten Krone besteht.

Name: ______________________ Datum: ____________

Waldsterben – auch heute noch?

Das Waldsterben ist noch lange nicht vorbei. / Nur interessiert sich die Öffentlichkeit nicht mehr für das Thema / und die Medien beachten es kaum noch. / Inzwischen bereitet die Überdüngung Probleme. / Stickstoffverbindungen aus Viehhaltung und industriellen Abgasen / verbreiten sich über die Luft / und gelangen mit dem Regen in den Waldboden. / Die betroffenen Bäume wachsen schneller als normal. / Leider zu schnell: Die Gesundheit des Baumes leidet darunter / und er wird anfälliger für Krankheiten und Schädlinge. (76 Wörter)

Borkenkäfer

Der sogenannte Jahrhundertsommer 2003 war ungewöhnlich trocken. / Solche heißen Sommer sind von Waldbesitzern sehr gefürchtet, / denn Laubbäume werfen bei Trockenheit verfrüht ihre Blätter ab, / um die Verdunstung zu reduzieren. / Der Baum kann nun noch weniger Wasser und Nährstoffe aufnehmen / und leidet an Mangelerscheinungen. / Die Harzproduktion, mit der sich die Bäume / gegen bohrende Schädlinge wie Borkenkäfer verteidigen, / kommt zum Erliegen. / Die Bäume sind nun den Borkenkäfern hilflos ausgeliefert. / Außerdem könnte eine großflächige Borkenkäferplage / einen Forstbetrieb in den Ruin treiben. (80 Wörter)

Arbeitsaufgaben:

❶ Schreibe den diktierten Text fehlerlos ab und unterstreiche alle Wörter, die dir schwierig vorkommen.

❷ Lasse dir den zweiten Text diktieren und verbessere deine Fehler.

❸ Beschreibe das Bild unten.

❹ Suche weitere Schädlinge des Waldes.

Waldsterben – auch heute noch?

❶ Welche Rechtschreibstrategien musst du anwenden, um die folgenden zwei Wörter an der markierten Stelle richtig schreiben zu können? Schreibe richtig auf. (1 Punkt)

a) Baumskelett *Ich muss mir das Wort merken.*

b) erholungs**s**uchend *Ich achte auf das Fugen-s, das auf eine Zusammenschreibung hindeutet.*

❷ Finde die vier fehlerhaften Wörter heraus, die im Text unten enthalten sind. Schreibe die Wörter richtig auf die Leerzeilen. (2 Punkte)

Außerdem müssen dabei stets ~~Kompromiße~~ zwischen den Anliegen von Jägern, Naturschützern, Erholungssuchenden, Holzindustrie und Waldbesitzern geschlossen werden. Besonders wichtig ist daher das schnelle ~~erkennen~~, Abholzen und Entrinden von befallenen Bäumen, damit die Borkenkäfer sich nicht ~~weiterausbreiten~~. Das Holz solcher Bäume kann zwar meist noch verwertet werden, bringt aber keine ~~provitablen~~ Preise.

Kompromisse *Erkennen*

weiter ausbreiten *profitablen*

❸ Stelle den Text unten richtig. Jeder Fehler gibt einen halben Punkt Abzug. (1,5 Punkte)

ANFANGDER80ER-JAHREWURDENHORRORSZENARIENVONKAHLENSTADTPARKSUNDWALDLOSENMITTELGEBIRGENGEZEICHNET,AUFDENENESNURNOCHVEREINZELTBAUMSKELETTEGEBENWÜRDE.

Anfang der 80er-Jahre wurden Horrorszenarien von kahlen Stadtparks und waldlosen Mittelgebirgen gezeichnet, auf denen es nur noch vereinzelt Baumskelette geben würde.

❹ Welcher der drei Sätze ist richtig geschrieben? Kreuze an. (1 Punkt)

☒ Oder war alles von Anfang an nur übertriebene Panikmache und der Wald hätte sich sowieso erholt?

☐ Oder war alles von anfang an nur übertriebene Panikmache und der Wald hätte sich so wieso erholt?

☐ Oder war alles von Anfang an nur übertriebene Panikmache und der Wald hätte sich sowie so erholt?

❺ Setze in die Wörter die fehlenden Buchstabengruppen ein. (1,5 Punkte)

Schwefelwa*ss*erstoffe – alter*na*tive Konzepte – Braun*kohle*kraftwerke

❻ Im folgenden Satz fehlen zwei Satzzeichen. Setze sie richtig ein. (1 Punkt)

Es wurden gehandelt: Filteranlagen für die Industrie, Katalysatoren und bleifreies Benzin für die Autos.

DRS | Name: ______________________ | Datum: ______________

Waldsterben – auch heute noch?

❶ Welche Rechtschreibstrategien musst du anwenden, um die folgenden zwei Wörter an der markierten Stelle richtig schreiben zu können? Schreibe richtig auf. (1 Punkt)

a) Baumskele**tt** ______________________________

____

b) erholung**s**suchend ______________________________

____

❷ Finde die vier fehlerhaften Wörter heraus, die im Text unten enthalten sind. Schreibe die Wörter richtig auf die Leerzeilen. (2 Punkte)

Außerdem müssen dabei stets Kompromiße zwischen den Anliegen von Jägern, Naturschützern, Erholungssuchenden, Holzindustrie und Waldbesitzern geschlossen werden. Besonders wichtig ist daher das schnelle erkennen, Abholzen und Entrinden von befallenen Bäumen, damit die Borkenkäfer sich nicht weiterausbreiten. Das Holz solcher Bäume kann zwar meist noch verwertet werden, bringt aber keine provitablen Preise.

______________________ ______________________

______________________ ______________________

❸ Stelle den Text unten richtig. Jeder Fehler gibt einen halben Punkt Abzug. (1,5 Punkte)

ANFANGDER80ER-JAHREWURDENHORRORSZENARIENVONKAHLENSTADTPA
RKSUNDWALDLOSENMITTELGEBIRGENGEZEICHNET,AUFDENENESNURNOCH
VEREINZELTBAUMSKELETTEGEBENWÜRDE.

____

____

____

❹ Welcher der drei Sätze ist richtig geschrieben? Kreuze an. (1 Punkt)

☐ Oder war alles von Anfang an nur übertriebene Panikmache und der Wald hätte sich sowieso erholt?

☐ Oder war alles von anfang an nur übertriebene Panikmache und der Wald hätte sich so wieso erholt?

☐ Oder war alles von Anfang an nur übertriebene Panikmache und der Wald hätte sich sowie so erholt?

❺ Setze in die Wörter die fehlenden Buchstabengruppen ein. (1,5 Punkte)

Schwefelwa_____erstoffe – alter______tive Konzepte – Braun_________kraftwerke

❻ Im folgenden Satz fehlen zwei Satzzeichen. Setze sie richtig ein. (1 Punkt)

Es wurden gehandelt Filteranlagen für die Industrie Katalysatoren und bleifreies Benzin für die Autos.

DRS Name: ______________________ Datum: ______________

Die industrielle Revolution in England

Die erste Hälfte des 19. Jahrhunderts brachte für England / einen bisher unbekannten wirtschaftlichen Aufschwung. / Dem Bevölkerungswachstum folgte eine sich ständig beschleunigende Industrialisierung, / die sich auf die Expansion des Handels / und die Produktion dampfgetriebener Maschinen in den Fabriken stützte. / Die Dampfkraft konnte auch für den Transport – / nach Erfindung von Eisenbahn und Dampfschiff – eingesetzt werden. / Die wirtschaftliche Entwicklung zwischen 1800 und 1870 / verlief in England unglaublich schnell / und die Produktionzuwächse sprengten jeden / bis dahin gekannten Rahmen. (79 Wörter)

Die Verlierer der Industrialisierung

Die Lebensbedingungen für die Arbeiter verschlechterten sich ____________, / denn die Städte waren dem ____________ nicht gewachsen. / Zu den beengten Wohnverhältnissen kamen / auch noch die ____________ der Fabriken. / In Manchester starben 1840 sechs von zehn Kindern, / bevor sie ________ Jahre alt werden konnten. / Aufgrund des Überangebots an Arbeitskräften / sanken die ________ auf ein ________________, / was kaum zum Überleben reichte. / Frauen und __________ waren zur Mitarbeit gezwungen. / Kein Wunder, dass die zweite Hälfte des ____. Jahrhunderts / ganz im Zeichen der ______________ Frage stand. (84 Wörter)

Minimum - 19 - Sozialen - Abgase - fünf - Anstum - rapide - Kinder - Löhne

Arbeitsaufgaben:

❶ Schreibe den diktierten Text fehlerlos ab und unterstreiche alle Wörter, die dir schwierig vorkommen.

❷ Setze im zweiten Text die Wörter richtig in die Lücken ein.

❸ Beschreibe das Bild unten und informiere dich über weitere Erfindungen zur Zeit der Industriellen Revolution.

Die industrielle Revolution in England

❶ Welche Rechtschreibstrategien musst du anwenden, um die folgenden zwei Wörter an der markierten Stelle richtig schreiben zu können? Schreibe richtig auf. (1 Punkt)

a) Pulverfa**ss** *Ich verdopple nach kurzem Selbstlaut den Mitlaut.*

b) Dampfmasch**i**ne *Ich schreibe bei Nachsilben von Fremdwörtern das lange „i" nur mit „i".*

❷ Finde die vier fehlerhaften Wörter heraus, die im Text unten enthalten sind. Schreibe die Wörter richtig auf die Leerzeilen. (2 Punkte)

Vor den ~~Schatten Seiten~~ der ~~Industriealisierung~~ verschließt man allerdings noch die Augen: ~~stickige~~ Luft und verschmutzte Flüsse werden damals als notwendige Begleiterscheinung des Aufstiegs hingenommen; ein ~~Bewußtsein~~ für die Grenzen des Wachstums entsteht erst ein Jahrhundert später.

Schattenseiten *Industrialisierung*

Stickige *Bewusstsein*

❸ Finde zu den drei Verben jeweils das passende Substantiv. (1,5 Punkte)

wachsen *Wachstum*

existieren *Existenz*

demonstrieren *Demonstration*

❹ Wie heißt zu den zwei Wörtern unten jeweils das Grundwort? (1 Punkt)

- unregelmäßig *das Maß (mäßig)*
- Schattenseite *die Seite*

❺ Suche für die Fremdwörter jeweils die deutsche Bedeutung. (1 Punkt)

- Disziplinierung *strenge Zurechtweisung, Maßregelung*
- explosiv *leicht zerplatzend*

❻ Im folgenden Satz fehlen drei Satzzeichen. Setze sie richtig ein. (1,5 Punkte)

Der Philosoph Ludwig Klages äußert sich über diese Epoche so:„ In keiner Zeit war die Unzufriedenheit größer und vergiftender."

DRS	Name:	Datum:

Die industrielle Revolution in England

❶ Welche Rechtschreibstrategien musst du anwenden, um die folgenden zwei Wörter an der markierten Stelle richtig schreiben zu können? Schreibe richtig auf. (1 Punkt)

a) Pulverfa**ss** ______________________________

____

b) Dampfmasch**i**ne ______________________________

____

❷ Finde die vier fehlerhaften Wörter heraus, die im Text unten enthalten sind. Schreibe die Wörter richtig auf die Leerzeilen. (2 Punkte)

Vor den Schatten Seiten der Industriealisierung verschließt man allerdings noch die Augen: stickige Luft und verschmutzte Flüsse werden damals als notwendige Begleiterscheinung des Aufstiegs hingenommen; ein Bewußtsein für die Grenzen des Wachstums entsteht erst ein Jahrhundert später.

______________________ ______________________

______________________ ______________________

❸ Finde zu den drei Verben jeweils das passende Substantiv. (1,5 Punkte)

wachsen ______________________

existieren ______________________

demonstrieren ______________________

❹ Wie heißt zu den zwei Wörtern unten jeweils das Grundwort? (1 Punkt)

- unregelmäßig ______________________
- Schattenseite ______________________

❺ Suche für die Fremdwörter jeweils die deutsche Bedeutung. (1 Punkt)

- Disziplinierung ______________________
- explosiv ______________________

❻ Im folgenden Satz fehlen drei Satzzeichen. Setze sie richtig ein. (1,5 Punkte)

Der Philosoph Ludwig Klages äußert sich über diese Epoche so In keiner Zeit war die Unzufriedenheit größer und vergiftender.

DRS | Name: ______ | Datum: ______

Otto von Bismarck – der „Eiserne Kanzler“

Er ist eine der schillerndsten Persönlichkeiten der deutschen Geschichte. / Durch seine von „Blut und Eisen“ geprägte Kriegspolitik / erlangte Preußen die unangefochtene Vormachtstellung in Kontinental-Europa. / Otto von Bismarck wurde zum Volkshelden, / zum Gründervater und zum ersten Kanzler des Deutschen Reiches. / Der Name Bismarck steht für soziale Reformen, / aber auch für den Kampf gegen Sozialisten und die katholische Kirche. / Die Ära Bismarck endete 1890, / doch der Mythos Bismarck währt weit über seinen Tod hinaus. (78 Wörter)

Sozialreformen und Rücktritt

Darüber hinaus sorgte Bismarck / mit fortschrittlichen sozialen Reformen / für eine Verbesserung der Lebensbedingungen der Arbeiterschaft. / Hauptziel seiner Sozialpolitik war, / eine stärkere Staatsbindung zu erzeugen. / Geplant war zunächst nur eine Unfallversicherung, / später kamen Versicherungen gegen Krankheit, / Invalidität und Altersarmut hinzu. / Diese sollten weitgehend staatlich kontrolliert sein. / Als im sogenannten Dreikaiserjahr 1888 / zuletzt Wilhelm II. Kaiser wurde, / waren die Tage Bismarcks gezählt. / Der neue Regent beschnitt die Machtbefugnisse Bismarcks, / was den Rücktritt des Reichskanzlers im März 1889 zur Folge hatte. (81 Wörter)

Arbeitsaufgaben:

❶ Schreibe den diktierten Text fehlerlos ab und unterstreiche alle Wörter, die dir schwierig vorkommen.

❷ Schreibe aus dem zweiten Text alle Wörter mit Dopplungen heraus.

❸ Erkläre die Karikatur oben.

Otto von Bismarck – der „Eiserne Kanzler“

❶ Finde die vier fehlerhaften Wörter heraus, die im Text unten stecken. Schreibe die Wörter richtig auf die Leerzeilen. (2 Punkte)

„Nicht durch Reden und ~~Majoritätsbeschüsse~~ werden die großen Fragen der Zeit entschieden – das ist der Fehler von 1848 und 1849 gewesen –, sondern durch Eisen und Blut.“ Diese Rede Bismarcks vom 30. September 1862 war ein patriotischer ~~Apell~~ aus den Lehren von 1848/49 im Verfassungskonflikt des ~~preussischen~~ Abgeordnetenhauses, dem sich letztendlich die ~~lieberalen~~ Abgeordneten nicht unterordnen wollten.

Majoritätsbeschlüsse | *Appell*
preußischen | *liberalen*

❷ Welche Rechtschreibstrategien musst du anwenden, um die folgenden drei Wörter an der markierten Stelle richtig schreiben zu können? Kreuze richtig an. (1,5 Punkte)

a) Phänomen
- ☐ Ich spreche das Wort silbenweise mit.
- ☐ Ich achte auf die Nachsilbe.
- ☒ Ich muss mir das Wort merken.

b) **m**orphiumabhängig
- ☒ Ich achte auf das Grundwort.
- ☐ Ich achte auf das Signalwort.
- ☐ Ich suche ähnliche Wörter.

c) fre**sss**üchtig
- ☒ Ich trenne das Wort.
- ☐ Ich suche ein ähnliches Wort.
- ☐ Ich muss mir das Wort merken.

❸ Setze jeweils die passende Konjunktion ein. (1,5 Punkte)

a) *Obwohl* sein Körper ihm die politische Arbeit mit allerlei chronischen Leiden erschwerte, biss sich Bismarck durch *und* behielt mit eisernem Willen stets die Zügel in der Hand.

b) *Dass* er alkohol- und fresssüchtig war, jahrelang sogar morphiumabhängig, hätte seine Karriere im Berlin des 21. Jahrhunderts sicherlich nicht gefördert.

❹ Setze den Satz unten in die indirekte Rede. (1 Punkt)

Experten behaupten: „Bismarck ist einer der größten deutschen Redner gewesen.“

Experten behaupten, Bismarck sei einer der größten deutschen Redner gewesen.

❺ Im folgenden Satz fehlen vier Satzzeichen. Setze sie richtig ein. (2 Punkte)

Weniger wegen seiner Kriegsführung, eher aufgrund seiner beharrlichen Politik, die Einigung Deutschlands voranzutreiben und durchzusetzen, wurde Bismarck „Eiserner Kanzler“ genannt.

Hubert Albus: 56 neue Kurzdiktate • 7./8. Klasse • Best.-Nr. 431

DRS Name: ______________________ Datum: ______________

Otto von Bismarck – der „Eiserne Kanzler"

❶ Finde die vier fehlerhaften Wörter heraus, die im Text unten stecken. Schreibe die Wörter richtig auf die Leerzeilen. (2 Punkte)

„Nicht durch Reden und Majoritätsbeschüsse werden die großen Fragen der Zeit entschieden – das ist der Fehler von 1848 und 1849 gewesen –, sondern durch Eisen und Blut." Diese Rede Bismarcks vom 30. September 1862 war ein patriotischer Apell aus den Lehren von 1848/49 im Verfassungskonflikt des preussischen Abgeordnetenhauses, dem sich letztendlich die lieberalen Abgeordneten nicht unterordnen wollten.

______________________ ______________________

______________________ ______________________

❷ Welche Rechtschreibstrategien musst du anwenden, um die folgenden drei Wörter an der markierten Stelle richtig schreiben zu können? Kreuze richtig an. (1,5 Punkte)

a) Ph**ä**nomen
- ☐ Ich spreche das Wort silbenweise mit.
- ☐ Ich achte auf die Nachsilbe.
- ☐ Ich muss mir das Wort merken.

b) **m**orphiumabhängig
- ☐ Ich achte auf das Grundwort.
- ☐ Ich achte auf das Signalwort.
- ☐ Ich suche ähnliche Wörter.

c) fre**sss**üchtig
- ☐ Ich trenne das Wort.
- ☐ Ich suche ein ähnliches Wort.
- ☐ Ich muss mir das Wort merken.

❸ Setze jeweils die passende Konjunktion ein. (1,5 Punkte)

a) __________ sein Körper ihm die politische Arbeit mit allerlei chronischen Leiden erschwerte, biss sich Bismarck durch ________ behielt mit eisernem Willen stets die Zügel in der Hand.

b) ________ er alkohol- und fresssüchtig war, jahrelang sogar morphiumabhängig, hätte seine Karriere im Berlin des 21. Jahrhunderts sicherlich nicht gefördert.

❹ Setze den Satz unten in die indirekte Rede. (1 Punkt)
Experten behaupten: „Bismarck ist einer der größten deutschen Redner gewesen."

____

____

❺ Im folgenden Satz fehlen vier Satzzeichen. Setze sie richtig ein. (2 Punkte)

Weniger wegen seiner Kriegsführung eher aufgrund seiner beharrlichen Politik die Einigung Deutschlands voranzutreiben und durchzusetzen wurde Bismarck „Eiserner Kanzler" genannt

DRS	Name: ______________________	Datum: ____________	

Die Weiße Rose – Widerstand gegen den Nationalsozialismus

Sie ist heute wohl die bekannteste Widerstandsgruppe des Dritten Reiches. / Kern der Gruppe waren die Geschwister Sophie und Hans Scholl, / Christoph Probst, Willi Graf, / Alexander Schmorell und Professor Kurt Huber. / Zwischen 1942 und 1943 verbreitete die Gruppe sechs Flugblätter, / in denen sie zum Widerstand gegen das NS-Regime aufrief. / Ihren Mut und ihre Entschlossenheit, / sich gegen die Nazi-Diktatur zur Wehr zu setzen, / bezahlten die sechs Widerstandskämpfer mit ihrem Leben. (74 Wörter)

Die Entdeckung

Im Februar 1943 malen Gruppenmitglieder / Anti-Nazi-Parolen auf Münchner Hausfassaden. / Das sechste Flugblatt wird der Gruppe zum Verhängnis. / Geschrieben von Kurt Huber, / einem Professor für Philosophie und Musikwissenschaften, / geißelt es die Kriegspolitik Hitlers. / Ein Hausmeister erwischt die Geschwister Scholl, / als sie die Flugblätter im Lichthof der Universität verteilen, / hält sie fest und übergibt sie der Gestapo. / Vier Tage später, am 22. Februar, / werden sie vom Volksgerichtshof zum Tode verurteilt / und noch am selben Tag mit dem Fallbeil hingerichtet. (79 Wörter)

Arbeitsaufgaben:

❶ Schreibe den diktierten Text fehlerlos ab und unterstreiche außer den Namen alle zusammengesetzten Nomen.

❷ Schreibe den zweiten Text abschnittsweise auf. Kontrolliere dann, ob du noch Fehler gemacht hast.

❸ Was heißt „Gestapo"?

____

❹ Was zeigt das Bild unten? Informiere dich über weitere Widerstandskämpfer im Dritten Reich.

Die Weiße Rose – Widerstand gegen den Nationalsozialismus

❶ Welche Rechtschreibstrategien musst du anwenden, um die folgenden drei Wörter an der markierten Stelle richtig schreiben zu können? Verbinde richtig. (1 Punkt)

a) Ver**ur**teilung — Ich beachte, dass „-ur" hier eine Vorsilbe ist.

b) die **W**eiße Rose — Ich beachte die Großschreibung bei Eigennamen.

Ich spreche das Wort silbenweise mit.
Ich beachte, dass „-ur" hier eine Vorsilbe ist.
Ich überprüfe die Wortart.
Ich muss mir das Wort merken.
Ich achte auf das Signalwort.
Ich beachte die Großschreibung bei Eigennamen.

❷ Finde die vier fehlerhaften Wörter heraus, die im Text unten stecken. Schreibe diese Wörter richtig auf die Leerzeilen. (2 Punkte)

Noch zwei Tage vor ihrer Verhaftung sagte Sophie Scholl: „Es fallen so viele Menschen für dieses ~~Regim~~. Es wird Zeit, dass jemand dagegen fällt." Während ihres Verhörs wollte der Gestapobeamte ihr helfen, die Todesstrafe zu umgehen. Sophie Scholl sollte sich von ihrem Bruder distanzieren und erklären, dass seine und ihre Handlungen und Überzeugungen ~~verurteilenwert~~ seien. Darauf antwortete Sophie Scholl laut ~~Vernehmungsprotokol~~: „Ich bin nach wie vor der Meinung, das ~~beste~~ getan zu haben, was ich gerade jetzt für mein Volk tun konnte. Ich bereue deshalb meine Handlungsweise nicht und will die Folgen, die mir aus meiner Handlungsweise erwachsen, auf mich nehmen."

Regime — *verurteilenswert*
Vernehmungsprotokoll — *Beste*

❸ Stelle den Text unten richtig. Jeder Fehler gibt einen halben Punkt Abzug. (1,5 Punkte)

Indenfolgendenmonatenverhaftetediegestapofreundeundunterstützerderweißenrose, unddervolksgerichtshofverhängtetodes-undhohefreiheitsstrafen.

In den folgenden Monaten verhaftete die Gestapo Freunde und Unterstützer der Weißen Rose, und der Volksgerichtshof verhängte Todes- und hohe Freiheitsstrafen.

❹ Trenne folgende Wörter. (1,5 Punkte)
- Widerstandskämpfer *Wi - der - stands - kämp - fer*
- österreichische *ös - ter - rei - chi - sche*
- Attentat *At - ten - tat*

❺ Setze die vier fehlenden Satzzeichen richtig ein. (2 Punkte)

Das bestärkte die Mitglieder der Weißen Rose darin, nach ihrer Rückkehr im November weiter Widerstand zu leisten, indem sie die Bevölkerung, vor allem andere Jugendliche, aufklärten.

DRS Name: ______________________ Datum: ______________

Die Weiße Rose – Widerstand gegen den Nationalsozialismus

❶ Welche Rechtschreibstrategien musst du anwenden, um die folgenden drei Wörter an der markierten Stelle richtig schreiben zu können? Verbinde richtig. (1 Punkt)

a) Ver**ur**teilung	Ich spreche das Wort silbenweise mit.
	Ich beachte, dass „-ur" hier eine Vorsilbe ist.
	Ich überprüfe die Wortart.
b) die **W**eiße Rose	Ich muss mir das Wort merken.
	Ich achte auf das Signalwort.
	Ich beachte die Großschreibung bei Eigennamen.

❷ Finde die vier fehlerhaften Wörter heraus, die im Text unten stecken. Schreibe diese Wörter richtig auf die Leerzeilen. (2 Punkte)

Noch zwei Tage vor ihrer Verhaftung sagte Sophie Scholl: äEs fallen so viele Menschen für dieses Regim. Es wird Zeit, dass jemand dagegen fällt." Während ihres Verhörs wollte der Gestapobeamte ihr helfen, die Todesstrafe zu umgehen. Sophie Scholl sollte sich von ihrem Bruder distanzieren und erklären, dass seine und ihre Handlungen und Überzeugungen verurteilenwert seien. Darauf antwortete Sophie Scholl laut Vernehmungsprotokol: „Ich bin nach wie vor der Meinung, das beste getan zu haben, was ich gerade jetzt für mein Volk tun konnte. Ich bereue deshalb meine Handlungsweise nicht und will die Folgen, die mir aus meiner Handlungsweise erwachsen, auf mich nehmen."

______________________ ______________________

______________________ ______________________

❸ Stelle den Text unten richtig. Jeder Fehler gibt einen halben Punkt Abzug. (1,5 Punkte)

Indenfolgendenmonatenverhaftetediegestapofreundeundunterstützerderweißenrose, unddervolksgerichtshofverhängtetodes-undhohefreiheitsstrafen.

____

____

____

❹ Trenne folgende Wörter. (1,5 Punkte)

- Widerstandskämpfer ______________________
- österreichische ______________________
- Attentat ______________________

❺ Setze die vier fehlenden Satzzeichen richtig ein. (2 Punkte)

Das bestärkte die Mitglieder der Weißen Rose darin nach ihrer Rückkehr im November weiter Widerstand zu leisten indem sie die Bevölkerung vor allem andere Jugendliche aufklärten.

DRS Name: ______________________ Datum: ______________

Jugendgewalt in Deutschland – ein Problem

Die Gewaltkriminalität bei Jugendlichen steigt seit Jahren an. / Die polizeiliche Kriminalstatistik notiert / „erhöhte Gewaltbereitschaft bei gesunkener Hemmschwelle" / und „teilweise brutales Vorgehen". / Es ist paradox: / Insgesamt werden Kapitalverbrechen geringer, / aber der Prozentsatz der beteiligten Jugendlichen steigt. / Viele Regeln, / die früher für Prügeleien unter Jugendlichen galten, / sind heute anscheinend aufgelöst. / Der Kopf ist sehr wohl ein Ziel, / und es ist längst nicht immer Schluss, / wenn das Opfer am Boden liegt und aufgibt. (75 Wörter)

Jugendgewalt in der modernen Gesellschaft

Jugendliche werden viel häufiger kriminell auffällig / als irgendeine andere Altersgruppe, / insbesondere bei Gewaltdelikten. / Dass die Täter dabei immer jünger / und immer brutaler werden, ist ein Problem. / Nicht nur für die Opfer – / meist ebenfalls Jugendliche –, / sondern für die gesamte Gesellschaft. / Weil Jugendliche besonders sensibel auf Veränderungen reagieren, / gilt Jugendgewalt als Indikator für gesellschaftliche Krisen. / Die Ursachen für Jugendgewalt sind komplex. / Medien, aber auch die Einflüsse von Alkohol, / Gruppendynamik und Bindungsarmut zur Familie spielen eine Rolle. (79 Wörter)

Arbeitsaufgaben:

❶ Schreibe den diktierten Text fehlerlos ab und unterstreiche alle Wörter, die dir schwierig vorkommen.

❷ Schreibe den zweiten Text richtig ab und kläre folgende Fremdwörter.

Delikt ______________________

sensibel ______________________

Indikator ______________________

komplex ______________________

Dynamik ______________________

❸ Beschreibe das Bild unten.

Jugendgewalt in Deutschland – ein Problem

❶ Welche Rechtschreibstrategien musst du anwenden, um die folgenden zwei Wörter an der markierten Stelle richtig schreiben zu können? Schreibe richtig auf. (1 Punkt)

a) Mis**s**trauen — *Ich achte auf die Schreibung der Vorsilbe „Miss-".*

b) gewal**tt**ätig — *Ich beachte die Nahtstelle, an der zwei „t" aufeinandertreffen.*

❷ Finde die vier fehlerhaften Wörter heraus, die im Text unten enthalten sind. Schreibe die Wörter richtig auf die Leerzeilen. (2 Punkte)

Besonders an Schulen wird in Form von körperlicher oder ~~werbaler~~ Gewalt gemobbt. Körperliche Gewalt drückt sich besonders durch Prügel, Erpressung, Diebstahl oder ~~Sexuelle~~ Belästigung aus. Eine andere Form der Gewalt stellt das stumme Mobbing dar. Es geschieht ~~mittel~~ Ausgrenzung oder simpler Ignoranz eines Betroffenen. Gemobbt wird oft gegen Fremdes. Dies kann sich in sozialer Herkunft oder auch in alltäglichen Dingen wie der Kleidung ~~mannifestieren~~.

verbaler — *sexuelle*

mittels — *manifestieren*

❸ Finde zu den zwei Adjektiven die jeweils fehlende Steigerungsstufe. (1 Punkt)

- entscheidend – entscheidender – *am entscheidendsten*
- viel – *mehr* – am meisten

❹ Welcher der drei Sätze ist richtig geschrieben? Kreuze an. (1 Punkt)

☐ Jugendliche nutzen inzwischen auch das Internet für Mobbing, indem sie geziehlt Gerüchte oder Beleidigungen per E-Mail verbreiten.

☒ Jugendliche nutzen inzwischen auch das Internet für Mobbing, indem sie gezielt Gerüchte oder Beleidigungen per E-Mail verbreiten.

☐ Jugendliche nutzen inzwischen auch das Internet für Mobbing, indem sie geziehlt Gerüchte oder Beleidigungen per E-Mail verbreitern.

❺ Setze in die Wörter den oder die passenden Buchstaben ein. (1,5 Punkte)

A*gg*ressionen – impuls*iv* – ha*ss*erfüllt

❻ Im folgenden Satz fehlen drei Satzzeichen. Setze sie richtig ein. (1,5 Punkte)

Gewalttätige Jugendliche neigen dazu, aus den Gesichtern der anderen Menschen diejenigen herauszufiltern, die feindselig aussehen.

DRS Name: ______ Datum: ______

Jugendgewalt in Deutschland – ein Problem

❶ Welche Rechtschreibstrategien musst du anwenden, um die folgenden zwei Wörter an der markierten Stelle richtig schreiben zu können? Schreibe richtig auf. (1 Punkt)

a) Mi**ss**trauen ______

______

b) gewal**tt**ätig ______

______

❷ Finde die vier fehlerhaften Wörter heraus, die im Text unten enthalten sind. Schreibe die Wörter richtig auf die Leerzeilen. (2 Punkte)

Besonders an Schulen wird in Form von körperlicher oder werbaler Gewalt gemobbt. Körperliche Gewalt drückt sich besonders durch Prügel, Erpressung, Diebstahl oder Sexuelle Belästigung aus. Eine andere Form der Gewalt stellt das stumme Mobbing dar. Es geschieht mittel Ausgrenzung oder simpler Ignoranz eines Betroffenen. Gemobbt wird oft gegen Fremdes. Dies kann sich in sozialer Herkunft oder auch in alltäglichen Dingen wie der Kleidung mannifestieren.

______ ______

______ ______

❸ Finde zu den zwei Adjektiven die jeweils fehlende Steigerungsstufe. (1 Punkt)

- entscheidend – entscheidender – ______
- viel – ______ – am meisten

❹ Welcher der drei Sätze ist richtig geschrieben? Kreuze an. (1 Punkt)

☐ Jugendliche nutzen inzwischen auch das Internet für Mobbing, indem sie geziehlt Gerüchte oder Beleidigungen per E-Mail verbreiten.

☐ Jugendliche nutzen inzwischen auch das Internet für Mobbing, indem sie gezielt Gerüchte oder Beleidigungen per E-Mail verbreiten.

☐ Jugendliche nutzen inzwischen auch das Internet für Mobbing, indem sie geziehlt Gerüchte oder Beleidigungen per E-Mail verbreitern.

❺ Setze in die Wörter den oder die passenden Buchstaben ein. (1,5 Punkte)

A_____ressionen – impuls_____ – ha_____erfüllt

❻ Im folgenden Satz fehlen drei Satzzeichen. Setze sie richtig ein. (1,5 Punkte)

Gewalttätige Jugendliche neigen dazu aus den Gesichtern der anderen Menschen diejenigen herauszufiltern die feindselig aussehen

DRS	Name:	Datum:	

Artensterben – eine moderne Gefahr

Wie viele Tier- und Pflanzenarten es auf der Welt gibt, / weiß niemand genau. / Eine Zusammenstellung des Umweltprogramms der Vereinten Nationen / kam Mitte der 90er-Jahre auf rund 1,75 Millionen beschriebene Arten. / Doch längst sind nicht alle Arten bekannt, / gerade in unzugänglichen Gegenden wie dem Amazonasgebiet / werden noch unbekannte Tiere und Pflanzen vermutet. / Manche Wissenschaftler schätzen, / dass es auf der Erde sogar über 13 Millionen Arten gibt. / Trotzdem ist die Artenvielfalt auf der Erde gefährdet. (77 Wörter)

Der tropische Regenwald ist gefährdet

Besonders trifft das auf den Regenwald im Amazonas-Gebiet, / in Zentralafrika und in Südostasien zu. / Hier leben schätzungsweise 70 Prozent / aller tierischen und pflanzlichen Landlebewesen. / Doch das grüne Naturwunder ist bedroht – / und mit ihm das Weltklima sowie viele Arten. / Jährlich werden enorme Flächen des Regenwaldes abgeholzt / und in Industrie- oder Brachland umgewandelt. / Das Holz wird an die Möbel- und Papierindustrie verkauft. / Die in den Wäldern lebenden Arten / werden immer weiter verdrängt, / die Populationen schrumpfen oder sterben ganz aus. (82 Wörter)

Arbeitsaufgaben:

❶ Schreibe den diktierten Text fehlerlos ab und unterstreiche schwierige Wörter.

❷ Schreibe aus der Sicht eines Menschen aus dem Jahre 2100. Setze den zweiten Text dabei in die 1. Vergangenheit.

❸ Beschreibe die Bilder unten.

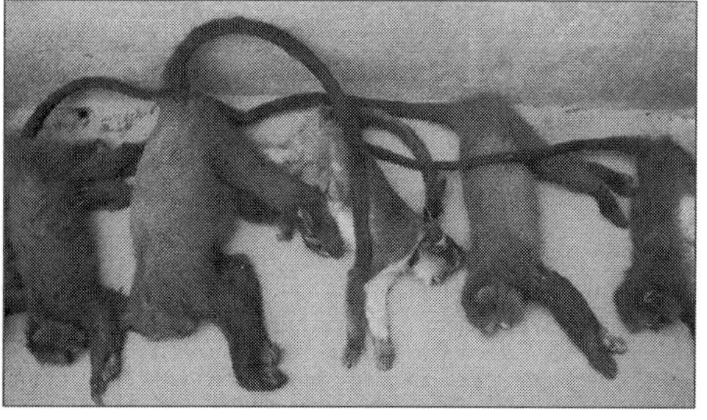

Artensterben – eine moderne Gefahr

❶ Welche Rechtschreibstrategien musst du anwenden, um die folgenden zwei Wörter an der markierten Stelle richtig schreiben zu können? Schreibe richtig auf. (1 Punkt)

a) Flussauen — *Ich beachte die Nahtstelle und trenne das Wort („Fluss“ und „Auen“)*

b) verdrängen — *Ich suche ein verwandtes Wort mit „a“ ➪ Drang*

❷ Finde die vier fehlerhaften Wörter heraus, die im Text unten enthalten sind. Schreibe die Wörter richtig auf die Leerzeilen. (2 Punkte)

Hauptursachen der weltweiten Gefährdung der Artenvielfalt sind ~~übermässige~~ Ausbeutung des Regenwaldes, Übernutzung von Weideflächen, die ständig intensiver werdende landwirtschaftliche Nutzung, ~~Schadstoff Imissionen~~ und direkte ~~entnahme~~ wild lebender Arten für ~~kommertielle~~ Zwecke.

übermäßige	*Schadstoff-Immissionen*
Entnahme	*kommerzielle*

❸ Finde zu den vier Fremdwörtern die richtige deutsche Bedeutung. (2 Punkte)

Profit	*Gewinn, Nutzen*
Pestizide	*Schädlingsvertilgungsmittel*
Regenerierung	*Wiederherstellung, Erneuerung, Erholung*
Ressourcen	*Quellen (Geld, Boden, Rohstoffe, Energie u. a.)*

❹ Setze folgende Verben in die 2. Vergangenheit. (2 Punkte)

er verliert – er *hat verloren*	er stirbt – er *ist gestorben*
er nimmt – er *hat genommen*	er hängt ab – er *ist abgehangen*

❺ Kreuze an, welcher Satz richtig geschrieben ist. (1 Punkt)

☐ Hauptursache für das Artensterben in der dritten Welt ist aber die Armut, denn die natürlichen Ressourcen werden bis aufs Letzte ausgebeutet, um den Hunger zu stillen.

☐ Hauptursache für das Artensterben in der dritten Welt ist aber die Armut, denn die natürlichen Ressourcen werden bis aufs letzte ausgebeutet, um den Hunger zu stillen.

☒ Hauptursache für das Artensterben in der Dritten Welt ist aber die Armut, denn die natürlichen Ressourcen werden bis aufs Letzte ausgebeutet, um den Hunger zu stillen.

DRS Name: ______ Datum: ______

Artensterben – eine moderne Gefahr

❶ Welche Rechtschreibstrategien musst du anwenden, um die folgenden zwei Wörter an der markierten Stelle richtig schreiben zu können? Schreibe richtig auf. (1 Punkt)

a) Flu**ss**auen ______

______

b) verdr**ä**ngen ______

______

❷ Finde die vier fehlerhaften Wörter heraus, die im Text unten enthalten sind. Schreibe die Wörter richtig auf die Leerzeilen. (2 Punkte)

Hauptursachen der weltweiten Gefährdung der Artenvielfalt sind übermässige Ausbeutung des Regenwaldes, Übernutzung von Weideflächen, die ständig intensiver werdende landwirtschaftliche Nutzung, Schadstoff-Imissionen und direkte entnahme wild lebender Arten für kommertielle Zwecke.

______ ______

______ ______

❸ Finde zu den vier Fremdwörtern die richtige deutsche Bedeutung. (2 Punkte)

Profit ______

Pestizide ______

Regenerierung ______

Ressourcen ______

❹ Setze folgende Verben in die 2. Vergangenheit. (2 Punkte)

er verliert – er ______ er stirbt – er ______

er nimmt – er ______ er hängt ab – er ______

❺ Kreuze an, welcher Satz richtig geschrieben ist. (1 Punkt)

☐ Hauptursache für das Artensterben in der dritten Welt ist aber die Armut, denn die natürlichen Ressourcen werden bis aufs Letzte ausgebeutet, um den Hunger zu stillen.

☐ Hauptursache für das Artensterben in der dritten Welt ist aber die Armut, denn die natürlichen Ressourcen werden bis aufs letzte ausgebeutet, um den Hunger zu stillen.

☐ Hauptursache für das Artensterben in der Dritten Welt ist aber die Armut, denn die natürlichen Ressourcen werden bis aufs Letzte ausgebeutet, um den Hunger zu stillen.

DRS	Name:	Datum:

Boxen – eine populäre Sportart

Ein Sport für mutige Männer, / die sich auf urtümliche Weise miteinander messen? / Oder ein brutaler Wettbewerb unter Schlägern? / Dass es verschiedene Ansichten zum Boxen gibt, / ist nichts Neues. / Das war schon in der Antike so. / Nach tausend Jahren Ruhepause wurde der Faustkampf in der Neuzeit wiederentdeckt / und ist heute eine der populärsten Sportarten überhaupt. / Die Massen sind elektrisiert, / wenn große Kämpfe anstehen – / und das oft nicht nur aus sportlichem Interesse. / Denn das Boxen hat auch politische und soziale Komponenten. (84 Wörter)

Boxen – ein lukratives Geschäft

Im 20. Jahrhundert entwickelte sich das Boxen in zwei verschiedene ______________: / das olympische Amateurboxen und das Profiboxen. / Bei den ______________ wurde mehr Wert auf technisches Können gelegt. / Zudem stand die ______________ der Sportler im Vordergrund. / Im Gegensatz dazu gerieten die Profikämpfe immer mehr / zur ____________ – und zum einträglichen ______________. / Die Preisgelder stiegen ____________ an. / Als das ______________ anfing, / Kämpfe zu übertragen, / wurde aus dem Profiboxen eine ganze ________________-Industrie. / Boxer zählten zu den ____________________ Sportlern überhaupt. (79 Wörter)

Amateuren - Entertainment - Gesundheit - bestbezahlten - Geschäft - Show - rasant - Fernsehen - Richtungen

Arbeitsaufgaben:

❶ Schreibe den diktierten Text fehlerlos ab und unterstreiche alle Wörter, die dir schwierig vorkommen.

❷ Setze im zweiten Text die Wörter richtig in die Lücken ein.

❸ Die Boxer unten machten Boxgeschichte. Informiere dich über diese Männer und über das aktuelle Schwergewichtsboxen.

Rocky Marciano

Max Schmeling

Lennox Lewis

Muhammad Ali

Mike Tyson

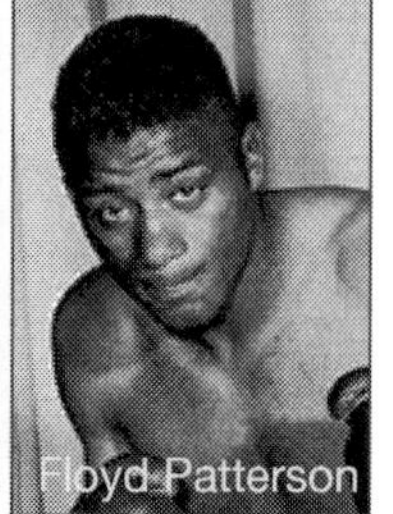
Floyd Patterson

Boxen – eine populäre Sportart

❶ Welche Rechtschreibstrategien musst du anwenden, um die folgenden drei Wörter an der markierten Stelle richtig schreiben zu können? Kreuze richtig an. (1,5 Punkte)

a) rücksicht**s**los
- ☐ Ich trenne das Wort.
- ☐ Ich achte auf die Nachsilbe.
- ☒ Ich achte auf das Fugen-s ➪ Zusammenschreibung.

b) Gürte**ll**inie
- ☒ Ich beachte die Nahtstelle.
- ☐ Ich muss mit das Wort merken.
- ☐ Ich kann das Wort ableiten.

c) regelw**i**drig
- ☐ Ich muss mir das Wort merken.
- ☒ Ich kann das Wort von „wider“ (gegen) ableiten.
- ☐ Ich trenne das Wort.

❷ Finde die sechs fehlerhaften Wörter heraus, die im Text unten enthalten sind. Schreibe die Wörter richtig auf die Leerzeilen. (3 Punkte)

Muhammad Ali gilt als der ~~grösste~~ Boxer aller Zeiten. In seiner aktiven Laufbahn prägte er den ~~Boxssport~~ wie kein anderer. Als „Cassius Clay“ stieg er in der 1960er-Jahren zum erfolgreichsten Boxer der Welt auf. Mit seiner ~~sympatisch~~ lockeren Art und seinem frechen Mundwerk machte er sich schnell zum Liebling der Medien. 1960 wurde er in Rom Olympiasieger im Halbschwergewicht und 1964 jüngster Schwergewichtsweltmeister aller Zeiten gegen den als unbezwingbar ~~geltenten~~ Sonny Liston. 1974 schlug er in einem ~~legenderen~~ Kampf in Kinshasa Titelverteidiger George Foreman und wurde zum zweiten Mal Weltmeister aller ~~Kassen~~.

größte	*Boxsport*
sympathisch	*geltenden*
legendären	*Klassen*

❸ Setze die passenden Vor- und Nachsilben in den Text unten ein. (2,5 Punkte)

„I'm the greatest“, ***be*** hauptete Ali selbstbewusst von sich selbst. Probleme bereitete ihm oft sein ***auf*** müpfiges Verhalten, die Ablehn***ung*** des Vietnamkriegs und das Bekenntnis zum islamischen Glauben. Ali bezahlte den rücksichts***los***en Einsatz seines Körpers mit einem chron***isch***en Leiden im Alter.

❹ Kreuze an, welcher Satz richtig geschrieben ist. (1 Punkt)

- ☐ 1984 wurde das Parkinson-Syndrom, eine Schüttelllähmung, bei Ali diagnostiziert, was möglicherweise die Konsequenz von vielen Kopftreffern war.
- ☒ 1984 wurde das Parkinson-Syndrom, eine Schüttellähmung, bei Ali diagnostiziert, was möglicherweise die Konsequenz von vielen Kopftreffern war.
- ☐ 1984 wurde das Parkinson-Syndrom, eine Schüttelllähmung, bei Ali diagnostiziert, was möglicherweise die Konsekwenz von vielen Kopftreffern war.

DRS	Name: ______________________	Datum: ____________	

Boxen – eine populäre Sportart

❶ Welche Rechtschreibstrategien musst du anwenden, um die folgenden drei Wörter an der markierten Stelle richtig schreiben zu können? Kreuze richtig an. (1,5 Punkte)

a) rücksicht**sl**os
- ☐ Ich trenne das Wort.
- ☐ Ich achte auf die Nachsilbe.
- ☐ Ich achte auf das Fugen-s ➪ Zusammenschreibung.

b) Gürte**ll**inie
- ☐ Ich beachte die Nahtstelle.
- ☐ Ich muss mit das Wort merken.
- ☐ Ich kann das Wort ableiten.

c) regelw**i**drig
- ☐ Ich muss mir das Wort merken.
- ☐ Ich kann das Wort von „wider" (gegen) ableiten.
- ☐ Ich trenne das Wort.

❷ Finde die sechs fehlerhaften Wörter heraus, die im Text unten enthalten sind. Schreibe die Wörter richtig auf die Leerzeilen. (3 Punkte)

Muhammad Ali gilt als der grösste Boxer aller Zeiten. In seiner aktiven Laufbahn prägte er den Boxssport wie kein anderer. Als „Cassius Clay" stieg er in der 1960er-Jahren zum erfolgreichsten Boxer der Welt auf. Mit seiner sympatisch lockeren Art und seinem frechen Mundwerk machte er sich schnell zum Liebling der Medien. 1960 wurde er in Rom Olympiasieger im Halbschwergewicht und 1964 jüngster Schwergewichtsweltmeister aller Zeiten gegen den als unbezwingbar geltenten Sonny Liston. 1974 schlug er in einem legenderen Kampf in Kinshasa Titelverteidiger George Foreman und wurde zum zweiten Mal Weltmeister aller Kassen.

______________________ ______________________

______________________ ______________________

______________________ ______________________

❸ Setze die passenden Vor- und Nachsilben in den Text unten ein. (2,5 Punkte)

„I'm the greatest", _____hauptete Ali selbstbewusst von sich selbst. Probleme bereitete ihm oft sein _____müpfiges Verhalten, die Ablehn_____ des Vietnamkriegs und das Bekenntnis zum islamischen Glauben. Ali bezahlte den rücksichts_____en Einsatz seines Körpers mit einem chron______en Leiden im Alter.

❹ Kreuze an, welcher Satz richtig geschrieben ist. (1 Punkt)

☐ 1984 wurde das Parkinson-Syndrom, eine Schüttelllähmung, bei Ali diagnostiziert, was möglicherweise die Konsequenz von vielen Kopftreffern war.

☐ 1984 wurde das Parkinson-Syndrom, eine Schüttellähmung, bei Ali diagnostiziert, was möglicherweise die Konsequenz von vielen Kopftreffern war.

☐ 1984 wurde das Parkinson-Syndrom, eine Schüttelllähmung, bei Ali diagnostiziert, was möglicherweise die Konsekwenz von vielen Kopftreffern war.

Text- und Bildnachweis

Textnachweis

Texte auszugsweise entnommen und modifiziert aus:
Augsburger Allgemeine, FAZ online, FOCUS online, Berliner Morgenpost, n-tv.de, planet-wissen, SPIEGEL online, Süddeutsche.de, WELT online, wikipedia, ZEIT online sowie eigene Texte

Bildnachweis

S. 6 files.myopera.com/JJ_Jake/ albums/343790/T-Rex.jpg. S. 9 www.welt.de/multimedia/archive/00204/pyramide2_DW_Wissen_204838a.jpg. S. 10 www.neandertaler.net/board/uploads/108bc63190c4733e56398 54ffded2c73.png; www.wdr.de/tv/quarks/sendungsbeitraege/2006/0718/img/kap7_4.jpg. S. 12 Max-Planck-Gesellschaft 2008; www.mpsoberg.ch/Lernselbst/INL/Blutkreislauf/Bilder/blutbestandteile.gif. S. 13 Rote Blutkörperchen Foto: Okapia; Gerinnsel, Bild: zvg. S. 14 www.astronomie.de/bibliothek/artikel/geschichte/teleskop/ptolemaeus.jpg; www.br-online.de/content/cms/Bildergalerie/2008/12/10/cumulus/BR-online-Publikation--253408-20081210091254.jpg. S. 16 www.bremen.germanblogs.de/wp-content/uploads//2010/04/the-beatles.jpg; www.abendblatt.de/multimedia/archive/00489/beatles_HA_Bayern_H_489738b.jpg. S. 17 www.planet-wissen.de/kultur_medien/musik/beatles/img/Intro_beatles_kreisch_g.jpg. S. 18 www.preisbewertung.de/wp-content/uploads/2008/12/ameisen.jpg; www.morgenpost.de/multimedia/archive/00152/ameise_BM_Berlin_Ba_152562b.jpg. S. 20 Fliegender Uhu, Foto: Hardy Vollmer; Lilienthals Fluggeräte: www.glattpark.ch/grundlagen/infra_places/lilienth.jpg. S. 21 http://de.academic.ru/pictures/dewiki/79/Otto-lilienthal.jpg; http://veggieadvisor.com/wp-content/uploads/2010/07/leonardo_da_vinci.jpg. S. 22 www.mongabay.com/images/rainforests/world-rainforest-map.jpg.
S. 23 http://public.univie.ac.at/uploads/media/Esquinas-Regenwald.jpg. S. 24 www.klimanet4kids.baden-wuerttemberg.de/images/02_info/Treibhauseffekt_01.jpg. S. 26 www.b-s-u.eu/fileadmin/Grafiken/umweltverschmutzung.jpg. S. 28 http://static.igenea.com/images/germanen_43.jpg. S. 29 http://p4.focus.de/img/gen/K/R/HBKRP4Uj_Pxgen_r_Ax700.jpg. S. 30 www.geolinde.musin.de/tektonik/vesuv3.jpg; www.nztramping.com/NZTrampingBlog/images/LastDayOfPompeii.jpg. S. 32 www.deutschland-im-mittelalter.de/bilder/hexen/hexenverhoer.jpg. S. 33 www.anton-praetorius.de/images/wasserprobe.jpg. S. 34 Verdauungsorgane des Menschen © Sebastian Kaulitzki #8047593 static-p4.fotolia.com/jpg/00/08/ 04/75/400_F_8047593_GhEZvyFIa69sQOLlq-FE9BR0h4y2tap4g.jpg. S. 36 www.bakip-linz.at/Vulkanismus/images/plattengrenzen_g.gif. S. 37 www.alpenverein-freistadt.at/images/gallery/Himalaya-Broad%20Peak-Nanga%20Parbat-K%202-Gasherbrum-Trango%20 Tower-Spantic.jpg. S. 38 www.viceland.com/blogs/at/files/2010/07/tschick1.jpg. S. 40 Finger, Foto: Tamara Hoffmann/pixelio; www.zeckenuntersuchung.de/images/zecke-entfernen2.jpg. S. 41 www.positiv-magazin.de/wp-content/uploads/2010/05/1243273426.jpg; Foto: dpa. S. 42 http://naturheilverfahren.files.wordpress.com/2009/02/diabetes_neu_475px.jpg; http://medicalimages.allrefer.com/large/type-i-diabetes.jpg. S. 44 http://der-weg.org/fileadmin/images/spanische-grippe-lazarett.jpg. S. 48 http://view.stern.de/de/original/925825/Natur-Wald-Waldstimmung-Waldsterben-Schwarz-Natur.jpg; www.bildarchiv-boden.de/wald/wg/Borkenkaefer5.jpg. S. 50 www.lsg.musin.de/geschichte/material/Bilder/ind-rev/wohnen_London_1880.jpg; www.kzu.ch/fach/g/England/Image4.jpg.
S. 51 Gustav Doré: Ein Hundeleben (1872); Foto: Lewise Hina (1908). S. 52 www.lyceescheurerkestner.fr/dnl/wp-content/2006/10/bismarck.jpg; Die Punch-Karikatur „Dropping the Pilot“ von Tenniel zur Entlassung des deutschen Reichskanzlers Otto von Bismarck (1890). S. 54 www.muenchen.de/cms/prod2/mde/_de/rubriken/Rathaus/55_kult/15_kulturfoerderung/10_preise/geschwister_scholl_preis/geschwister_scholl180.jpg; www.aref.de/kalenderblatt/2004/pics/stauffenberg-attentat_tatort.jpg. S. 56 www.rustix.ch/mauro/images/jugendkriminalitaettable100.jpg. S. 57 www-lu.hive.no/plansjer/samfunnsfag/mobbing.jpg. S. 58 Foto: Markus Maulho/Greenpeace.
S. 60 http://cyberboxingzone.com/images/RockyMarciano-1.jpg, corbis.com; http://cyberboxingzone.com/images/schmeling-max-22.jpg; www.freeoboi.ru/images/lennox_lewis_freeoboi.ru.jpg; http://de.academic.ru/pictures/dewiki/77/Muhammad_Ali_NYWTS.jpg; www.canadastarboxing.com/images/fighters/Mike-Tyson-01-0503c.JPG; http://images.usatoday.com/sports/_photos/2006/05/11/patterson2.jpg.

Für einige Bilder konnten die Rechteinhaber nicht ermittelt werden. Autor und Verlag sind bestrebt, dies in der nächsten Auflage zu ändern.